CATÉCHISME

DU

DIOCÈSE D'AGEN

PUBLIÉ PAR ORDRE

DE SA GRANDEUR Mgr JEAN-ÉMILE FONTENEAU

ÉVÊQUE D'AGEN

Et réédité, avec des illustrations

PAR ORDRE

DE Mgr CHARLES-ÉVARISTE-JOSEPH CŒURET-VARIN

ÉVÊQUE D'AGEN

Prix : 70 centimes

TOURS

MAISON ALFRED MAME ET FILS

CATÉCHISME

DU

DIOCÈSE D'AGEN

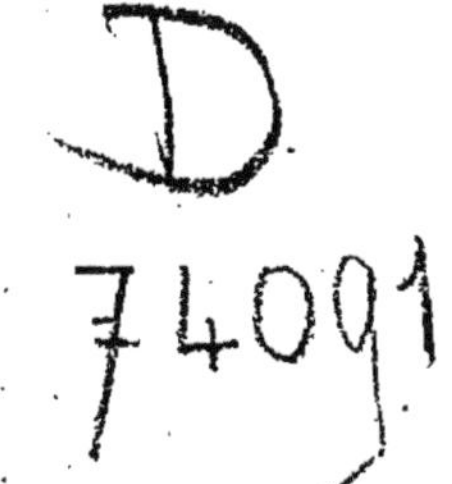

« Laissez venir à moi les petits enfants. »

CATÉCHISME

DU

DIOCÈSE D'AGEN

PUBLIÉ PAR ORDRE

DE SA GRANDEUR Mgr JEAN-ÉMILE FONTENEAU

ÉVÊQUE D'AGEN

Et réédité, avec des illustrations

PAR ORDRE

DE Mgr CHARLES-ÉVARISTE-JOSEPH CŒURET-VARIN

ÉVÊQUE D'AGEN

TOURS

MAISON ALFRED MAME ET FILS

LETTRE PASTORALE

DE

MONSEIGNEUR FONTENEAU

ÉVÊQUE D'AGEN

AU CLERGÉ ET AUX FIDÈLES DE SON DIOCÈSE

SUR

LA DOCTRINE CHRÉTIENNE

ET

MANDEMENT

POUR LA RÉIMPRESSION DU CATÉCHISME

JEAN-ÉMILE FONTENEAU, par la grâce de Dieu et du Siège Apostolique, Évêque d'Agen, Prélat de la Maison de Sa Sainteté, Assistant au Trône pontifical, Comte romain, au Clergé et aux Fidèles de Notre Diocèse, salut et bénédiction en Notre-Seigneur Jésus-Christ.

NOS TRÈS CHERS FRÈRES,

Le Christianisme est un fait dont la grandeur domine les hommes et les siècles; fait éclatant et mêlé à la vie de toutes les nations; fait qui, par son origine, son universalité et sa durée invincible à tous les obstacles, porte les signes évidents de sa divinité.

Mieux que cela, le Christianisme est une société et la plus merveilleuse comme la plus impérissable des sociétés, parce que l'élément humain y a pour lien et pour base l'élément divin.

Mais le Christianisme est quelque chose de plus qu'un fait et une société, il est une doctrine : doctrine certaine, comme le Dieu qui l'a révélée; doctrine complète, car elle résout tous les problèmes du présent et de l'avenir; doctrine puissante, car elle réunit dans une même pensée et un même amour les générations et les peuples; doctrine sublime et à la fois populaire, car elle dépasse les plus hautes intelligences et s'impose à leur admiration, sans cesser d'être accessible aux esprits les plus humbles et les moins cultivés.

Jeter un regard vaste et rapide sur l'ensemble de la doctrine chrétienne, appeler l'attention de tous, mais spécialement des générations qui s'élèvent, sur le résumé de cette doctrine, que nous nommons le *Catéchisme*, et montrer que là se trouve la vraie, l'unique solution aux questions vitales qui nous agitent, tel est le but de cette Instruction pastorale.

I

« L'homme est un être enseigné, » a dit le P. Lacordaire; il ne connaît rien qu'on ne lui ait appris, et l'un des plus grands philosophes de ce siècle (M. de Bonald) a démontré avec la dernière évidence que nous ne saurions pas même parler, si nous n'y avions été formés sur les genoux maternels...

Dieu, qui est Père et qui nous aime avec une tendresse de mère, se devait donc à lui-même de nous initier au plus difficile et au plus élevé des enseignements. C'est ce qu'il fit dans le cours des siècles. Il nous parla d'abord par le ministère des patriarches et des prophètes, puis par l'organe de son divin Fils, et de là naquit la science la plus *excellente*, la plus *consolante* et la plus *nécessaire* de toutes, la science de la Religion.

Elle est la plus *excellente*. En effet, l'excellence d'une doctrine se reconnaît et se mesure à son degré d'harmonie avec les facultés de l'homme. Plus elle éclaire et remplit son intelligence par les splendeurs du vrai, plus elle dirige et satisfait sa volonté par les attraits du bien, et plus elle apparaît sublime.

Or, telle est sous ce rapport la perfection de la doctrine chrétienne que le génie humain n'en créa jamais de comparable, et que le seul examen de ses parties essentielles accuse nettement la divinité de son Auteur.

Le premier caractère de cette doctrine, c'est la *vérité*. En elle on trouve l'exposition et la démonstration de la vérité possédée, l'affirmation de la vérité certaine, l'abrégé de la vérité pleine et entière.

Les vérités qui constituent le domaine de l'ordre naturel, ces vérités que le paganisme avait oubliées ou méconnues et que l'erreur dans tous les siècles n'a pas cessé d'altérer, ces vérités y sont clairement proclamées et y servent de base à la saine philosophie comme au progrès réel des sciences humaines. — Elle s'explique sur Dieu, sur l'homme et sur le monde, ces trois termes qui résument tous les objets possibles de nos connaissances; non pas qu'elle nous dise tout ce qu'ils sont, mais seulement tout ce qu'il est utile et possible que nous sachions.

Quant aux vérités qui constituent l'ordre surnaturel et qui sont hors de la portée de l'homme, elle les révèle avec une certitude qui captive les esprits sous l'empire de la foi.

Ici, nous le savons, l'incrédulité se révolte, au nom de la raison, et déclare les mystères inadmissibles, précisément parce qu'ils sont incompréhensibles.

Il serait aisé de lui démontrer que le mystère, loin de contredire la science, est lié à son accroissement, car le mystère est une vérité : une vérité incompréhensible sans doute, mais manifestée par un témoignage irrécusable.

D'ailleurs, tel qu'on voit le soleil, qui est le centre d'où la lumière rayonne sur le monde, aveugler l'homme assez téméraire pour le fixer de son regard, tel le mystère, très lumineux en lui-même, n'est incompréhensible qu'à cause de la faiblesse et des bornes de notre intelligence.

Il nous serait facile encore de prouver que les mystères sont souverainement convenables dans une religion divine; car le Dieu que nous adorons *habite des hauteurs inaccessibles* [1], et la Religion doit, ce semble, porter l'empreinte de son Auteur. — Les mystères sont incompréhensibles ! Mais c'est par là qu'ils sont plus dignes de l'intelligence de Dieu qui est infinie, de la sagesse de Dieu qui corrige ainsi notre orgueil et rend notre foi plus méritoire, de la bonté de Dieu qui a placé en eux la source des grâces et des vertus.

Que l'incrédule se taise donc, et que pour rejeter d'*incompréhensibles vérités,* comme parle Bossuet, il n'aille pas se précipiter dans d'*incompréhensibles erreurs;* qu'il reconnaisse plutôt avec Pascal que « la dernière démarche de la raison c'est de connaître qu'il y a une infinité de choses qui la surpassent. »

Mais ce n'est pas assez ; il y a quelque chose en nous de plus difficile à guider que l'intelligence. Derrière le rempart d'un esprit convaincu se dresse la puissance d'un cœur à gouverner et d'une volonté à diriger.

Or c'est encore ce que la doctrine chrétienne a merveilleusement réalisé; car son second caractère fondamental, c'est

[1] I Tim. VI, 16.

la *charité*. De même que nous avons résumé tous les dogmes dans ce mot : *vérité*, de même, nous appuyant sur Jésus-Christ, nous pouvons réduire tous les préceptes à ce mot : *charité*.

Au fond de notre nature, il faut reconnaître, comme une immense plaie, l'égoïsme. La doctrine de Jésus-Christ poursuit d'abord ce vice d'origine, et fait consister dans le renoncement à soi le principe de toute vertu comme de tout bonheur.

L'âme ainsi dépouillée d'elle-même, qui la remplira ? Ce sera l'amour de Dieu, puis l'amour du prochain. Dieu souverainement aimé comme un Père, le prochain surnaturellement aimé comme un frère, tout est là. Le cœur n'a pas besoin d'autre règle pour être gardé, selon la pensée de saint Augustin, ni d'autre aliment pour être satisfait : *Ama, et fac quod vis*.

Ajoutez à cela, N. T. C. F., les lois fondamentales du foyer domestique et de la société civile ; les règles de conduite applicables à toutes les positions de la vie, à la prospérité comme à l'infortune, aux rangs les plus élevés comme aux conditions les plus humbles ; l'exposé de toutes les vertus avec les moyens les plus efficaces et les motifs les plus puissants pour les pratiquer ; la condamnation de tous les vices avec la sanction la plus rigoureuse pour les éviter, et vous aurez une idée succincte mais complète de l'excellence surhumaine de la doctrine du Christianisme.

Oh ! que le Sage avait raison d'appeler vaine et funeste la science de l'homme, quand elle n'a pas pour base et pour couronnement la science de Dieu : *Vani sunt homines, in quibus non subest scientia Dei* [1] !

D'une excellence souveraine dans son objet, la doctrine chrétienne est divinement *consolante* dans ses promesses.

C'est une vérité gravée à toutes les pages de nos saints Livres que l'homme, ici-bas, est condamné à épuiser la coupe des douleurs. L'enfant qui vient de naître ignore tout, il n'a qu'une science, celle des gémissements ; c'est bien là, selon la judicieuse remarque de saint Bernard, le premier cri qui convient à l'homme, après son entrée dans la vallée des larmes. La souffrance présidera aussi à son dernier soupir : *Unus introitus est omnibus ad vitam et similis exitus* [2]. Et, entre ces deux extrémités, c'est pour chacun de nous une nécessité de voir tous les jours de notre vie voilés par des

[1] Sap. XIII, 1. — [2] *Ibid.*, VII, 6.

tristesses et des pleurs : *In tristitia et gemitu simus necesse est omnibus diebus vitæ nostræ*[1].

Or, tout cela, sans la science de la Religion, est un mystère insondable, qui provoque les horribles blasphèmes et souvent les lugubres désespoirs.

Avec la science de la Religion, au contraire, on découvre dans la souffrance une loi universelle, dont la cause est le péché; une loi féconde, dont le fruit est l'expiation et le mérite; une loi de courte durée, dont la récompense est un bonheur sans fin.

Ces pensées fortifient; parfois même elles ont l'étonnante puissance de faire surabonder de joie l'âme des saints au milieu des plus amères tribulations : *Superabundo gaudio in omni tribulatione nostra*[2].

Aussi, tandis que l'homme sans foi souffre en maudissant son sort et prélude par ses douleurs passagères à des tourments éternels, l'homme instruit des choses de Dieu allège ses souffrances, en faisant de la résignation chrétienne la compagne de sa vie, et prépare chaque jour sa couronne de gloire. Voilà comment la science de la Religion est éminemment une doctrine consolante.

Elle est enfin une doctrine *nécessaire,* et la plus nécessaire de toutes, autant pour la conduite et le gouvernement de la vie présente, que pour le bonheur de la vie future.

Il est écrit que *sans la foi il est impossible de plaire à Dieu*[3], et *que la foi sans les œuvres est une foi morte*[4]. Il faut donc, pour opérer son salut et sous peine de l'éternelle damnation, que l'homme s'attache aux croyances et qu'il les vivifie par les pratiques religieuses.

D'ailleurs, tout homme naît avec des inclinations vicieuses; comment les vaincra-t-il et quelle digue opposera-t-il à ses passions fortes et vives, s'il n'a pas le frein de la Religion? D'autre part, qui l'établira courageux et inébranlable dans les sentiers de la vertu; qui gravera dans son cœur cette auguste chose qu'on a si bien nommée le *culte du devoir;* qui, si ce n'est l'enseignement divin?...

Pénétrons au foyer domestique. En vain nous y chercherons l'autorité respectée dans les pères, l'obéissance dans les enfants, l'union et la concorde entre les époux, la justice et la bonté dans les maîtres, la soumission et la fidélité dans les serviteurs, si nous n'y trouvons les principes religieux en honneur.

[1] S. Cyp. *De Bono pat.* — [2] II Cor. VII, 4 — [3] Heb. XI, 6. — [4] Epist. B. Jacob. II, 26.

Élevons nos regards jusqu'aux peuples et aux sociétés.

Rien n'est frappant, dans les divines Écritures, comme cette parole du Psalmiste : « Seigneur, répandez votre colère « sur les nations qui ne vous connaissent pas et sur les « royaumes qui n'invoquent pas votre nom [1]. » — « Les peuples « qui l'ignorent, s'écrie à son tour Isaïe, sont dans la région « des ténèbres et dans l'ombre de la mort [2]. » Ce qui signifie clairement, N. T. C. F., que l'ignorance religieuse provoque le courroux de Dieu.

Et il ne saurait en être autrement, puisque ce mal est la source de tant de maux. De là découlent, en effet, l'oubli de Dieu, la coupable indifférence, le mépris de la Religion, car *l'impie blasphème ce qu'il ignore* [3]. De là viennent l'affaiblissement des caractères et la corruption des mœurs avec le cortège de toutes les décadences. De là les crimes, dont la progression menaçante, même à l'âge de la candeur et de l'innocence, alarme l'honnêteté, déconcerte la justice et déshonore la société : comment craindrait-on les jugements des hommes, quand on ne croit pas aux jugements de Dieu ?

Aussi, « malheur à une nation qui mettrait la science avant « la vertu, s'écrie un célèbre apologiste, les connaissances « avant les mœurs, les arts avant le devoir ; qui, dans le soin « d'élever la jeunesse, compterait l'instruction pour tout et « l'éducation pour rien, qui n'y ferait point entrer la religion « et la morale !...

« Si l'industrie peut donner la richesse, si la valeur et le « génie peuvent donner la gloire, la Religion seule peut nous « régénérer en nous donnant des vertus. »

Et le même penseur conclut par ce mot profond : « La « Religion est la vie du corps politique [4]. »

C'est elle, en effet, qui grandit l'autorité, en lui donnant une origine sacrée ; car si les formes du pouvoir public viennent des hommes, on est forcé de reconnaître que le fond de *toute puissance vient de Dieu* [5].

C'est elle qui affermit les lois en les présentant comme des règles de conscience, qui lient devant Dieu aussi bien que devant les hommes [6].

C'est elle aussi, et c'est elle seule, qui sauvegarde la liberté [7] ; car, selon la remarque de Montesquieu lui-même, « moins la Religion est réprimante, plus les lois civiles « doivent réprimer. » Donc, que la Religion disparaisse, et

[1] Ps. LXXVIII, 6. — [2] Is. IX, 1. — [3] Epist. B. Judæ, V, 10. — [4] Mgr Frayssinous. — [5] Rom. XIII, 1. — [6] *Ibid.*, VII, 12 ; XIII, 2, 5. — [7] II Cor. III, 17.

les passions déchaînées rendront nécessaire le despotisme le plus violent. « Un peuple sans religion serait indisciplinable, « dit encore l'orateur que nous citions tout à l'heure; il fau- « drait des lois de fer pour l'enchaîner. A la place des autels, « des cachots ; au lieu de pasteurs, des soldats ; au lieu de « l'Évangile, un code de supplices effrayants ; au lieu d'un « régime paternel, un régime de terreur, voilà ce que deman- « derait impérieusement le maintien de l'ordre public...

« Reconnaissons, en finissant, que si le devoir comme le « besoin des gouvernements est de donner la stabilité aux « institutions et aux lois, par là même leur devoir comme « leur premier intérêt est d'honorer et de faire honorer la « Religion, qui en est le fondement[1]. »

Puissent les peuples le comprendre, s'ils ne veulent pas glisser aux abîmes, et se rattacher à cette science divine, dans laquelle résident « le foyer de toutes les vertus, la philosophie « de tous les âges, la base des mœurs publiques, le ressort « le plus puissant qui soit dans les mains des législateurs, « plus fort que l'intérêt, plus universel que l'honneur, plus « actif que l'amour de la patrie ; le garant le plus sûr que « les gouvernants puissent avoir de la fidélité de leurs peuples « et les peuples de la justice de leurs chefs ; la consolation « des malheureux, le pacte de Dieu avec les hommes, et, « pour employer une image d'Homère, la chaîne d'or qui « suspend la terre au trône de l'Éternel[2]. »

II

La doctrine chrétienne est la plus excellente dans son objet, la plus consolante dans ses promesses, la plus nécessaire pour la vie présente comme pour la vie future.

C'est donc pour tout homme une gloire, un avantage et une obligation de la connaître, afin de la mieux observer.

Mais comment procéder dans une étude à la fois si sublime et si étendue ? Comment la rendre accessible, soit aux vies les plus occupées, soit aux intelligences les moins développées ?

Saint Augustin, en un siècle qui a plus d'un trait de ressemblance avec le nôtre, surtout par le côté des erreurs, saint Augustin, interrogé sur ce point capital, répondit par son admirable traité : *De catechizandis rudibus ; sur la manière d'enseigner la Religion aux esprits les moins cultivés.*

Le vrai moyen, dit ce grand Docteur, c'est de puiser dans

[1] Mgr Frayssinous. — [2] Apud Feller, *Catéchisme philosophique.*

les divines Écritures, et, sans leur emprunter tous leurs détails, ce qui n'est ni possible ni nécessaire, de faire un résumé substantiel de ce qu'elles contiennent comme vérités à croire et préceptes à observer; de cette sorte on n'absorbe pas le temps et on n'accable point la mémoire de ceux qu'on doit instruire.

C'est ce que fait l'Église, en mère prévoyante et sage autant que miséricordieuse et tendre. Sachant que la plupart de ses enfants n'auraient ni assez de loisirs ni assez de savoir pour étudier leur Religion dans de volumineux ouvrages et de difficiles traités, elle a condensé dans ce petit livre que nous appelons le *Catéchisme* tout ce que nos esprits doivent connaître, tout ce que nos volontés doivent accomplir, tout ce que nos cœurs doivent aimer. C'est un code complet de croyance et une règle sûre de morale ; un enseignement sublime dans sa simplicité et fécond dans sa brièveté. Cest le « livre des vieillards comme des enfants, des savants comme « des ignorants; tous y trouvent à admirer, à méditer, et il « n'y a qu'un absurde préjugé qui regarde le catéchisme avec « dédain [1]. »

C'est donc à tout âge et dans toute condition qu'il est opportun de refaire le lecture attentive et de revoir les explications suivies de ce livre d'or.

Que de chrétiens, au déclin de la vie, ignorent même les superficiels enseignements qu'ils reçurent dans leur enfance! La sainte Écriture parle de *l'enfant de cent ans, puer centum annorum* [2]. N'est-ce pas surtout par l'ignorance religieuse que le vieillard donne à cette pensée sa triste réalité?... Les années s'ajoutent aux années, la vie s'écoule, et peu à peu s'effacent dans la mémoire les éléments les plus essentiels de la doctrine chrétienne. Ceux-là mêmes dont les jours se consument dans l'étude, négligent pour la plupart la plus indispensable des sciences, et il n'est pas rare de voir des savants illustres dans les connaissances humaines se signaler malheureusement par une profonde ignorance dans les connaissances divines!...

Instruisez-vous donc, N. T. C. F., instruisez-vous sans cesse de la science de notre sainte Religion. Vous ne pourrez jamais en pénétrer toutes les beautés, ni en savourer toutes les douceurs; plus vous l'étudierez, plus vous l'aimerez, et c'est en l'aimant que vous trouverez facile de la pratiquer.

[1] Paroles du cardinal de Cheverus. (V. sa Vie, par M. Hamon.) — [2] Is. LXV, 20.

Un jeune philosophe, qui a eu un grand nom dans la première moitié de ce siècle, qui fut un chercheur inquiet de la vérité, mais qui ne la trouva point, parce qu'il la cherchait oin des sentiers de l'humilité, le célèbre Jouffroy, parvenu au terme de sa vie, quand il touchait à peine à la maturité de son âge, se sentit les mains vides et se prit à regretter son catéchisme ; heureux si, même à cette heure tardive, il avait eu courage de le reprendre ! « Il y a un petit livre, écrivait-il, « qu'on enseigne aux enfants et sur lequel on les interroge « à l'église. Lisez ce petit livre, vous y trouverez une solution « de toutes les questions, de toutes sans exception. Demandez « au chrétien d'où vient l'espèce humaine, il le sait ; où elle « va, il le sait ; comment elle va, il le sait. Demandez à ce « pauvre enfant, qui de sa vie n'y a songé, pourquoi il est « ici-bas et ce qu'il deviendra après sa mort : il vous fera une « réponse sublime... Origine du monde, origine de l'espèce, « question de race, destinée de l'homme en cette vie et en « l'autre, rapports de l'homme avec Dieu, devoirs de l'homme « envers ses semblables, droits de l'homme sur la création, « il n'ignore rien ; et quand il sera grand, il n'hésitera pas « davantage sur le droit naturel, sur le droit politique, sur le « droit des gens ; car tout cela sort, tout cela découle avec « clarté et comme de soi-même du Christianisme. Voilà ce « j'appelle une grande religion !... »

Ainsi parlait Jouffroy. Cet aveu du philosophe de la libre pensée est un éloge qui nous confond ; car il n'est que trop vrai que la plupart des hommes ne connaissent pas assez les principes de leur foi, contenus dans le catéchisme, et, chose plus lamentable, arrivés à l'âge mûr, sans l'avoir bien su, ils négligent et même ils ont honte de l'étudier de nouveau !

Aussi ce n'était pas sans une grande sagesse que dans l'ancienne Alliance il avait été prescrit de lire tous les sept ans au peuple assemblé le livre de la loi. Les rois eux-mêmes n'en étaient pas exempts ; ils devaient en posséder un exemplaire, et ils étaient tenus d'en lire une partie tous les jours. Et le motif de ce précepte, c'était afin qu'on ne pût pas désapprendre la crainte du Seigneur et l'accomplissement de ses devoirs religieux.

Parents chrétiens, vos enfants sont un dépôt sacré que Dieu vous a confié et dont vous êtes responsables devant lui.

La nature vous fait une obligation de les nourrir, mais à côté de la nourriture du corps, il y a celle de l'âme, qui est la *parole de Dieu*[1]. Aussi l'ordre le plus formel du Créateur

[1] Matth. IV, 4.

est-il que vous les instruisiez tout d'abord de la céleste doctrine : *Filii tibi sunt, erudi illos* [1]. Au reste, vous goûterez les premiers les fruits de cette instruction, car ils vous seront d'autant plus soumis qu'ils le seront davantage à Dieu.

Mères chrétiennes, c'est à vous surtout que s'adressent ici nos plus pressantes exhortations ; souvenez-vous que rien ne remplacera jamais ces leçons ineffaçables, recueillies sur vos genoux et gravées dans la tendresse.

Marchez donc sur les traces des admirables et saintes mères que l'Église et l'histoire placent devant vos yeux. A l'exemple d'une mère des Machabées, montrez à vos enfants le ciel comme la vraie patrie et le sacrifice comme la voie royale qui y conduit : *Peto, nate, ut aspicias ad cœlum* [2]. A l'exemple d'une Blanche de Castille, inspirez-leur par-dessus tout l'amour de Dieu et la haine du péché. Que par vous leur premier et leur dernier bégaiement de chaque jour soit une courte prière. Qui donc mieux que vous saurait joindre leurs petites mains et leur apprendre à invoquer le Père et la Mère qu'ils ont dans les cieux ?... Et plus tard, quand leur intelligence s'ouvrira, quand leur raison enfantine sera capable de saisir quelque chose de nos divins mystères, quelle voix plus persuasive que la vôtre pourra les initier à la connaissance de la Religion et les préparer à recevoir des lèvres du prêtre le pain de la céleste doctrine ?

Auguste mission, dont tout esprit sincère est obligé de reconnaître l'importance et la sublimité !...

Là-dessus les témoignages abondent, jusque dans les rangs de l'incrédulité. Pour répondre aux apôtres de l'erreur, qui, de nos jours, ont entrepris de soustraire même l'enfant aux salutaires influences de la Religion, nous leur opposerons la recommandation d'un de leurs maîtres préférés. C'est Jean-Jacques Rousseau qui parle :

« Accoutumez vos enfants, dit-il, à se sentir toujours sous « les yeux de Dieu, à l'avoir pour témoin de leurs pensées, « de leur vertu, de leurs plaisirs ; à faire le bien sans osten- « tation, parce qu'il l'aime ; à souffrir le mal sans murmure, « parce qu'il les en dédommagera, et à être enfin, tous les « jours de leur vie, ce qu'ils seront bien aises d'avoir été « lorsqu'ils comparaîtront devant lui. »

L'histoire nous a gardé un trait d'une éloquence encore plus saisissante.

Un autre philosophe, contemporain de Rousseau et son

[1] Eccl. VII, 25. — [2] II Mach. VII, 28.

émule en incrédulité, le trop fameux Diderot, fut surpris un jour par un de ses amis, au moment où il faisait réciter le catéchisme à sa fille. Or, pour répondre à l'étonnement de son visiteur, il lui fit ce précieux aveu : « Hé ! quels meilleurs « fondements puis-je donner à l'éducation de ma fille, pour « la rendre ce qu'elle doit être un jour : fille respectueuse et « tendre, digne épouse et digne mère? Est-il au fond, puisque « nous sommes forcés d'en convenir, une morale qui vaille « celle de la Religion et qui porte sur de plus puissants « motifs? »

Parents chrétiens, si vous comprenez ainsi vos devoirs, vous aurez des enfants qui seront votre honneur ; vous les verrez croître sous vos regards en sagesse et en vertu comme en âge, vous formerez des familles heureuses et vous vous préparerez un avenir de paix.

Qu'à leur tour les maîtres songent à remplir cette obligation envers ceux qui, jeunes encore, sont attachés à leur service. C'est là, N. T. C. F., un point d'une capitale importance; car, dans cette classe surtout, l'ignorance est commune et d'autant plus profonde que l'intelligence est moins développée.

On voit des enfants donner leurs sueurs précoces pour gagner un pain que le foyer domestique ne peut leur fournir. Et qui donc s'occupera de leur salut, sinon ceux qui tiennent auprès d'eux la place de Dieu et de leurs parents? Ah! c'est peu de leur donner un salaire, on n'a pas pu prendre leur corps sans se charger de leur âme. Aussi est-ce faire non seulement acte de justice, mais preuve d'intelligence, même au point de vue des intérêts matériels, que de leur accorder le temps nécessaire pour leur formation religieuse et d'y veiller avec une tendre sollicitude. Certes, en apprenant à servir Dieu, ils apprendront à servir leurs maîtres, et ce n'est qu'à la condition d'être de bons et fidèles chrétiens qu'ils seront des domestiques soumis, probes et laborieux.

Nous voudrions même, N. T. C. F., voir le zèle des familles pour l'instruction religieuse prendre des développements encore plus sérieux et se traduire dans de plus vastes proportions.

Un grand pape, saint Pie V, recommandait expressément aux Évêques, il y a plus de trois siècles, de travailler *à établir partout les instructions chrétiennes dans les familles*. C'était, disait-il, un de leurs devoirs les plus essentiels *d'y tenir la main et d'y pourvoir par des personnes capables d'enseigner la doctrine*. Il voulait même *qu'on érigeât dans ce but des associations et des confréries de la doctrine chrétienne.*

Et un siècle plus tard, Bossuet, s'inspirant des décisions de ce saint Pontife, ne craignait pas d'affirmer « qu'il faut « faire le catéchisme plus encore dans les maisons que dans « l'église, et le faire non seulement aux enfants, mais princi-« palement aux pères et aux maîtres, afin que peu à peu « toutes les familles soient instruites[1]. »

Ne semble-t-il pas que ces conseils ont été dictés pour notre époque?

Nous avons été témoins de ce que le Catholicisme opère à cette heure pour le salut des sociétés, et l'on ne saurait louer ni encourager trop hautement les merveilles que le dévouement laïque enfante pour aider l'élément sacerdotal à *rechristianiser* les masses.

Toutefois, nous croyons que le point de départ de cette entreprise gigantesque, c'est de donner l'instruction et de former des générations fortement imbues des principes religieux.

La libre pensée l'a si bien compris que, pour *déchristianiser* les peuples, elle remonte jusqu'à la source de la vie et veut empêcher la sève chrétienne de pénétrer dans l'âme de l'enfant. La tentative est audacieuse, téméraire et vaine. Nous savons que Dieu ne permettra jamais qu'elle soit pleinement réalisée, et voilà pourquoi nous demeurons fermes dans l'espérance. Mais il n'en est pas moins vrai que la tactique du mal doit servir de règle à celle du bien, et que, pour rendre le remède efficace, il faut l'appliquer à la racine de la plaie.

C'est à vous, nos bien-aimés Coopérateurs, que revient la plus large part dans cette œuvre de régénération.

Ah! depuis un certain nombre d'années, votre apostolat semble réduit au rôle crucifiant de préparer des victimes pour l'indifférence, la corruption et l'impiété!...

Ce n'est qu'au prix de longs et patients efforts que vous parvenez à inculquer de superficiels enseignements, qui, ne pénétrant guère au fond de l'âme, à cause de la légèreté de l'âge, n'y laissent aucune de ces impressions capables de déterminer et de fixer les tendances de la vie. Et puis, quand vient l'adolescence, c'est comme un naufrage universel, d'où échappent à peine quelques débris!...

Il est temps de s'effrayer sur un pareil malheur et de songer à ce que peuvent devenir de semblables générations. Malgré les symptômes alarmants et quelque profonde que soit l'amertume de vos cœurs, nous vous supplions de vous armer

1 *Catéchisme de Meaux*; Avertissement de Bossuet.

d'un zèle que les obstacles soient impuissants à décourager, et d'agir sans relâche, afin d'être sans reproche devant Dieu.

Nous empruntons une dernière fois l'autorité de Bossuet, pour vous exhorter à « répandre toujours dans vos prônes et « dans vos sermons quelque chose du Catéchisme, et d'y « ramener souvent les mystères de Jésus-Christ et la doctrine « des sacrements, parce que ces choses, étant bien traitées, « inspirent l'amour de Dieu, et, avec l'amour de Dieu, toutes « les vertus [1]. »

Rappelez également aux pères et aux mères qu'ils doivent être les *premiers et principaux catéchistes* de leurs enfants [2]; et comment pourront-ils les instruire, si eux-mêmes ils ne sont pas instruits ? Ils doivent donc, « pour en être capables, « relire fréquemment et avec attention les principes de la reli- « gion chrétienne, où ils trouveront cela de grand, que plus « on les relit, plus on y découvre de vérités [3] ».

« Répétez souvent avec force les choses plus difficiles et « plus importantes; et surtout ne vous lassez pas dans un « ouvrage pénible autant que nécessaire [4] » d'où dépendent le bonheur des foyers, la sécurité de l'avenir et le salut des âmes.

A CES CAUSES, le saint nom de Dieu invoqué, Nous avons ordonné et ordonnons ce qui suit :

ARTICLE 1er. Considérant que le Catéchisme qui nous a été légué par nos vénérés prédécesseurs, comme un monument de leur science et de leur foi, n'est plus suffisamment en harmonie avec les besoins des temps, surtout depuis les définitions dogmatiques de l'Immaculée Conception de la très sainte Vierge et de l'Infaillibilité pontificale ; — considérant d'autre part que l'instruction s'étant répandue permet de donner un enseignement plus complet, réclamé d'ailleurs par l'ignorance religieuse, nous nous sommes déterminé à rééditer le Catéchisme du Diocèse avec les modifications et les additions qui nous ont paru nécessaires.

ART. 2. Cette nouvelle édition du Catéchisme diocésain sera imprimée dans le courant de la présente année et rendue obligatoire à dater du 1er novembre prochain.

[1] *Catéchisme de Meaux;* Avertissement de Bossuet. — [2] *Id., ibid.* — [3] *Id., ibid.* — [4] *Id., ibid.*

Art. 3. Après cette époque, il ne sera plus permis de vendre des exemplaires des anciennes éditions.

Donné à Agen, en notre Palais épiscopal, sous notre seing, le sceau de nos armes et le contreseing du Secrétaire général de notre Évêché, le 29 janvier 1880, fête de saint François de Sales, Évêque et Docteur, et le modèle des catéchistes.

† JEAN-ÉMILE, Évêque d'Agen.

Par Mandement :

MOURAN, *Chanoine, Secr. gén.*

PRIÈRE DU MATIN

Le chrétien, à son réveil, doit prononcer dévotement le saint nom de Jésus, faire le signe de la croix, s'offrir et se consacrer à Dieu, en disant :

† Au nom du Père, et du Fils, et du Saint-Esprit.
Ainsi soit-il [1].

Mon Dieu, je vous donne mon cœur, et me consacre entièrement à votre service.

Étant habillé, il doit prendre de l'eau bénite, en disant :

Mon Dieu, purifiez mon âme de tout péché; je le déteste pour l'amour de vous.

S'étant mis à genoux devant un Crucifix, ou quelque autre image de piété, il doit faire ainsi sa prière :

† Au nom du Père, et du Fils, et du Saint-Esprit.
Ainsi soit-il.

Venez, Esprit-Saint, remplissez les cœurs de vos Fidèles, et allumez en eux le feu de votre amour.

℣. Envoyez votre Esprit, et ils seront créés.

℟. Et vous renouvellerez la face de la terre.

PRIONS

O Dieu, qui avez instruit et éclairé les cœurs de vos Fidèles par la lumière du Saint-Esprit, donnez-nous le même Esprit qui nous fasse goûter le bien et nous remplisse toujours de la joie de ses consolations. Par J.-C. N.-S. Ainsi soit-il.

ACTE DE FOI DE LA PRÉSENCE DE DIEU

Mon Dieu, je crois fermement que vous êtes ici présent et partout.

ACTE D'ADORATION

Mon Dieu, je vous adore avec tous les Anges et tous les Saints, comme mon Créateur et mon souverain Seigneur, de qui je dépends en toutes choses.

ACTE D'AMOUR DE DIEU

Mon Dieu, je vous aime de tout mon cœur, par N.-S. J.-C.

---

[1] Indulgence de 50 jours chaque fois qu'on fait le signe de la croix. (B. du 28 juillet 1863.) Avec de l'eau bénite, 100 jours. (B. du 23 mars 1866.)

ACTE D'ACTION DE GRACES

Mon Dieu, je vous remercie de m'avoir créé, racheté, fait Chrétien, et de toutes les grâces que j'ai reçues de vous, cette nuit et toute ma vie.

ACTE DE CONTRITION

Mon Dieu, je me repens de tout mon cœur de vous avoir offensé, parce que vous êtes infiniment bon et aimable, et que le péché vous déplaît. Je déteste toutes les occasions et mauvaises habitudes qui m'y portent ; et je proteste, moyennant votre sainte grâce, de ne vous offenser jamais, de me corriger au plus tôt, et de faire pénitence de tous mes péchés.

ACTE D'OFFRANDE

Mon Dieu, je vous offre toutes mes pensées, mes paroles, mes actions et mon travail de la journée; donnez-moi, s'il vous plaît, votre sainte bénédiction : je vous offre et j'accepte toutes les peines qui m'arriveront aujourd'hui, pour satisfaire à votre justice.

ACTE DE PRIÈRE

Je vous prie, mon Dieu, de me faire la grâce de ne pas vous offenser aujourd'hui, et d'accomplir parfaitement votre sainte volonté en toutes choses.

ORAISON DOMINICALE

Notre Père, qui êtes aux cieux; que votre nom soit sanctifié; que votre règne arrive; que votre volonté soit faite sur la terre comme au ciel : donnez-nous aujourd'hui notre pain de chaque jour; pardonnez-nous nos offenses comme nous pardonnons à ceux qui nous ont offensés; et ne nous laissez pas succomber à la tentation; mais délivrez-nous du mal. Ainsi soit-il.

SALUTATION ANGÉLIQUE

Je vous salue, Marie, pleine de grâces, le Seigneur est avec vous : vous êtes bénie sur toutes les femmes; et Jésus, le fruit de votre sein, est béni.

Sainte Marie, Mère de Dieu, priez pour nous, pauvres pécheurs, maintenant et à l'heure de notre mort. Ainsi soit-il.

SYMBOLE DES APÔTRES

Je crois en Dieu, le Père tout-puissant, Créateur du ciel et de la terre : et en Jésus-Christ, son Fils unique, notre Seigneur : Qui a été conçu du Saint-Esprit; est né de la Vierge Marie : Qui a souffert sous Ponce Pilate, a été crucifié, est mort, et a été enseveli : Qui est descendu aux Enfers; et, le troisième jour, est ressuscité d'entre les morts : Qui est monté aux cieux, est assis à la droite de Dieu le Père tout-puissant, d'où il viendra juger les vivants et les morts.

Je crois au Saint-Esprit, la sainte Église catholique, la Communion des Saints, la rémission des péchés, la résurrection de la chair, la vie éternelle. Ainsi soit-il.

COMMANDEMENTS DE DIEU

1. Un seul Dieu tu adoreras,
Et aimeras parfaitement.
2. Dieu en vain tu ne jureras,
Ni autre chose pareillement.
3. Les Dimanches tu garderas
En servant Dieu dévotement.
4. Tes père et mère honoreras,
Afin de vivre longuement.
5. Homicide point ne seras
De fait ni volontairement.
6. Luxurieux point ne seras
De corps ni de consentement.
7. Le bien d'autrui tu ne prendras,
Ni retiendras injustement.
8. Faux témoignage ne diras,
Ni mentiras aucunement.
9. L'œuvre de la chair ne désireras
Qu'en mariage seulement.
10. Les biens d'autrui ne convoiteras
Pour les avoir injustement.

COMMANDEMENTS DE L'ÉGLISE

1. Les Dimanches la Messe ouïras,
Et les Fêtes pareillement.
2. Les Fêtes tu sanctifieras,
Qui te sont de commandement.
3. Tous tes péchés confesseras,
A tout le moins une fois l'an.
4. Ton Créateur tu recevras
Au moins à Pâques humblement.
5. Quatre-Temps, Vigiles jeûneras,
Et le Carême entièrement.
6. Vendredi chair ne mangeras,
Ni le samedi mêmement.

LA CONFESSION DES PÉCHÉS

Je confesse à Dieu tout-puissant, à la bienheureuse Marie, toujours vierge, à saint Michel Archange, à saint Jean-Baptiste, aux Apôtres saint Pierre et saint Paul, à tous les Saints, (quand on se confesse, on ajoute : *Et à vous, mon Père*), que j'ai péché par pensées, paroles et actions, j'avoue que c'est par ma faute, ma faute, ma très grande faute. C'est pourquoi je prie la bienheureuse Marie, toujours vierge, saint Michel Archange, saint Jean-Baptiste, les Apôtres saint Pierre et saint Paul, tous les Saints (*et vous, mon Père*), de prier pour moi le Seigneur notre Dieu.

Que le Dieu tout-puissant nous fasse miséricorde, et qu'après nous avoir remis nos péchés il nous conduise à la vie éternelle. Ainsi soit-il.

Que le Dieu tout-puissant et miséricordieux nous accorde l'indulgence, l'absolution et la rémission de nos péchés. Ainsi soit-il.

PRIÈRE AU SAINT PATRON

Glorieux saint *N.*, mon Patron, qui, du haut des cieux, où vous régnez avec Dieu, connaissez le fond de ma misère et de mon impuissance, procurez-moi les grâces qui me sont nécessaires, détournez les périls dont mon âme est environnée; faites-moi tellement imiter vos vertus et votre sainte vie sur la terre, que je puisse, avec vous, après ma mort, glorifier Dieu dans le ciel pendant tous les siècles des siècles. Ainsi soit-il.

PRIÈRE A L'ANGE GARDIEN

Esprit bienheureux, mon bon Ange Gardien, que la bonté de Dieu a destiné pour ma conduite, réglez tous les mouvements de mon esprit et de mon cœur par la Foi, l'Espérance, et la Charité; faites-moi vivre et mourir en la grâce de Dieu, par les mérites de N.-S. J.-C. Ansi soit-il.

Très sainte Vierge, Mère de Dieu, tous les Anges du ciel, Saints et Saintes du paradis, priez pour nous. Ainsi soit-il.

ACTES DES VERTUS THÉOLOGALES [1]

ACTE DE FOI EN GÉNÉRAL

Mon Dieu, je crois très fermement toutes les vérités que vous nous avez révélées, et que vous nous enseignez par

---

[1] Indulgence de 7 ans et de 7 quarantaines chaque fois. (B. du 28 janvier 1756.)

votre Église, parce que vous ne pouvez ni vous tromper, ni nous tromper.

ACTE D'ESPÉRANCE

Mon Dieu, j'espère avec une ferme confiance que vous me donnerez, par les mérites de Jésus-Christ mon Sauveur, votre grâce en ce monde et, si j'observe vos commandements, votre gloire dans l'autre, parce qu'étant la puissance et la bonté mêmes, vous êtes souverainement fidèle dans vos promesses.

ACTE DE CHARITÉ

Mon Dieu, je vous aime de tout mon cœur, de toute mon âme, de toutes mes forces, par-dessus toutes choses, parce que vous êtes infiniment bon, infiniment aimable, et j'aime mon prochain comme moi-même pour l'amour de vous.

Loué et adoré soit à jamais Notre-Seigneur Jésus-Christ au très saint Sacrement de l'autel.

Il convient d'ajouter à la prière du matin les Litanies du saint Nom de Jésus et l'*Angelus*.

LITANIES DU SAINT NOM DE JÉSUS

Kyrie, eleison.	Seigneur, ayez pitié de nous.
Christe, eleison.	Jésus-Christ, ayez pitié.
Kyrie, eleison.	Seigneur, ayez pitié de nous.
Jesu, audi nos.	Jésus, écoutez-nous.
Jesu, exaudi nos.	Jésus, exaucez-nous.
Pater de cœlis Deus, miserere nobis.	Père céleste qui êtes Dieu, ayez pitié de nous.
Fili redemptor mundi Deus, miserere nobis.	Fils rédempteur du monde qui êtes Dieu, ayez pitié de nous.
Spiritus sancte Deus,	Esprit-Saint qui êtes Dieu,
Sancta Trinitas, unus Deus,	Trinité sainte qui êtes un seul Dieu,
Jesu, Fili Dei vivi,	Jésus, Fils du Dieu vivant,
Jesu, splendor Patris,	Jésus, splendeur du Père,
Jesu, candor lucis æternæ,	Jésus, pureté de la lumière éternelle,
Jesu, rex gloriæ,	Jésus, roi de gloire,
Jesu, sol justitiæ,	Jésus, soleil de justice,
Jesu, fili Mariæ Virginis,	Jésus, fils de la Vierge Marie,
Jesu, amabilis,	Jésus, aimable,
Jesu, admirabilis,	Jésus, admirable,
Jesu, Deus fortis,	Jésus, Dieu fort,
Jesu, Pater futuri sæculi,	Jésus, Père du siècle à venir,
Jesu, magni consilii Angele,	Jésus, Ange du céleste conseil,
Miserere nobis.	*Ayez pitié de nous.*

Jésus, très puissant,
Jésus, très patient,
Jésus, très obéissant,
Jésus, doux et humble de cœur,
Jésus, qui aimez la chasteté,
Jésus, qui nous avez tant aimés,
Jésus, Dieu de paix,
Jésus, auteur de la vie,
Jésus, modèle des vertus,
Jésus, zélateur des âmes,
Jésus, notre Dieu,
Jésus, notre refuge,
Jésus, père des pauvres,
Jésus, trésor des fidèles,
Jésus, bon Pasteur,
Jésus, vraie lumière,
Jésus, sagesse éternelle,
Jésus, bonté infinie,
Jésus, notre voie et notre vie,
Jésus, roi des Anges,
Jésus, roi des Patriarches,
Jésus, maître des Apôtres,
Jésus, docteur des Évangélistes,
Jésus, force des Martyrs,
Jésus, lumière des Confesseurs,
Jésus, pureté des Vierges,
Jésus, couronne de tous les Saints,

Ayez pitié de nous.

Soyez-nous propice, pardonnez-nous, Jésus.

Soyez-nous propice, exaucez-nous Jésus.

De tout mal, délivrez-nous, Jésus.
De tout péché, délivrez-nous, Jésus.
De votre colère,
Des embûches du démon,
De l'esprit d'impureté,
De la mort éternelle,
Du mépris de vos divines inspirations,
Par le mystère de votre sainte incarnation,

Délivrez-nous, Jésus.

Jesu, potentissime,
Jesu, patientissime,
Jesu, obedientissime,
Jesu, mitis et humilis corde,
Jesu, amator castitatis,
Jesu, amator noster,
Jesu, Deus pacis,
Jesu, auctor vitæ,
Jesu, exemplar virtutum,
Jesu, zelator animarum,
Jesu, Deus noster,
Jesu, refugium nostrum,
Jesu, pater pauperum,
Jesu, thesaurus fidelium,
Jesu, bone Pastor,
Jesu, lux vera,
Jesu, sapientia æterna,
Jesu, bonitas infinita,
Jesu, via et vita nostra,
Jesu, gaudium Angelorum,
Jesu, rex Patriarcharum,
Jesu, magister Apostolorum,
Jesu, doctor Evangelistarum,
Jesu, fortitudo Martyrum,
Jesu, lumen Confessorum,
Jesu, puritas Virginum,
Jesu, corona Sanctorum omnium,

Miserere nobis.

Propitius esto, parce nobis, Jesu.

Propitius esto, exaudi nos, Jesu.

Ab omni malo, libera nos, Jesu.
Ab omni peccato, libera nos, Jesu.
Ab ira tua,
Ab insidiis diaboli,
A spiritu fornicationis,
A morte perpetua,
A neglectu inspirationum tuarum,
Per mysterium sanctæ incarnationis tuæ,

Libera nos, Jesu.

Par nativitatem tuam,
Per infantiam tuam,
Per divinissimam vitam tuam,
Per labores tuos,
Per agoniam et Passionem tuam,
Per crucem et derelictionem tuam,
Per languores tuos,
Per mortem et sepulturam tuam,
Per Resurrectionem tuam,
Per Ascensionem tuam,
Per gaudia tua,
Per gloriam tuam,

Libera nos, Jesu.

Agnus Dei, qui tollis peccata mundi, parce nobis, Jesu.

Agnus Dei, qui tollis peccata mundi, exaudi nos, Jesu.

Agnus Dei, qui tollis peccata mundi, miserere nobis, Jesu.

Jesu, audi nos.
Jesu, exaudi nos.

OREMUS

Domine Jesu Christe, qui dixisti : Petite, et accipietis; quærite, et invenietis; pulsate, et aperietur vobis; quæsumus, da nobis petentibus divinissimi tui amoris affectum, ut te toto corde, ore et opere diligamus, et a tua nunquam laude cessemus.

Sancti Nominis tui, Domine, timorem pariter et amorem fac nos habere perpetuum, quia nunquam tua gubernatione destituis quos in

Par votre Naissance,
Par votre Enfance,
Par votre vie toute divine,
Par vos travaux,
Par votre agonie et votre Passion,
Par votre Croix et votre abandonnement,
Par vos langueurs,
Par votre mort et votre sépulture,
Par votre Résurrection,
Par votre Ascension,
Par vos saintes joies,
Par votre gloire,

Délivrez-nous, Jésus.

Agneau de Dieu, qui effacez les péchés du monde, pardonnez-nous, Jésus.

Agneau de Dieu, qui effacez les péchés du monde, exaucez-nous, Jésus.

Agneau de Dieu, qui effacez les péchés du monde, ayez pitié de nous, Jésus.

Jésus, écoutez-nous.
Jésus, exaucez-nous.

PRIONS

Seigneur Jésus-Christ, qui avez dit : Demandez, et vous recevrez ; cherchez, et vous trouverez; frappez, et on vous ouvrira; faites-nous, s'il vous plaît, la grâce d'être embrasés de votre amour tout divin, afin que nous vous aimions de tout notre cœur, en vous confessant de bouche et d'action; et que jamais nous ne cessions de vous louer.

Donnez-nous pour toujours, ô Seigneur, la crainte et l'amour de votre saint Nom, parce que vous ne cessez de gouverner ceux que vous établissez dans la solidité de votre affection. Vous qui vivez et régnez dans les siècles des siècles. Ainsi soit-il.

solíditate tuæ dilectionis instituis. Qui vivis et regnas in sæcula sæculorum. Amen.

(Par un indult en date du 21 août 1862, S. S. Pie IX a daigné attacher une indulgence de 300 jours à la récitation des Litanies du saint Nom de Jésus et des deux Oraisons qui les suivent.)

On ajoutera ici l'*Angelus* comme ci-dessous aux Pratiques de la Journée.

PRATIQUES DE LA JOURNÉE

L'ANGELUS DOMINI [1]

L'Ange du Seigneur annonça à Marie le mystère de l'Incarnation; et elle conçut par la vertu du Saint-Esprit.

Je vous salue, Marie, etc.

Voici la servante du Seigneur, qu'il me soit fait selon votre parole.

Je vous salue, Marie, etc.

Et le Verbe s'est fait homme, et il a habité parmi nous.

Je vous salue, Marie, etc.

℣. Priez pour nous, sainte Mère de Dieu.

℟. Afin que nous devenions dignes des promesses de Jésus-Christ.

PRIONS

Nous vous supplions, Seigneur, de répandre votre grâce dans nos âmes, afin qu'ayant connu, par la voix de l'Ange, l'incarnation de votre Fils Jésus-Christ, nous arrivions, par

Angelus Domini nuntiavit Mariæ, et concepit de Spiritu sancto.

Ave, Maria, etc.

Ecce ancilla Domini, fiat mihi secundum verbum tuum.

Ave, Maria, etc.

Et Verbum caro factum est, et habitavit in nobis.

Ave, Maria, etc.

℣. Ora pro nobis, sancta Dei Genitrix.

℟. Ut digni efficiamur promissionibus Christi.

OREMUS

Gratiam tuam, quæsumus, Domine, mentibus nostris infunde, ut qui, Angelo nuntiante, Christi Filii tui incarnationem cognovimus, per Passionem ejus et Crucem ad

---

[1] 100 jours d'indulgence pour l'*Angelus* récité à genoux, au son de la cloche, le matin, à midi et le soir. Il doit se réciter debout le samedi soir et le dimanche. (B. du 14 septembre 1724.)

Resurrectionis gloriam perducamur. Per eumdem Christum Dominum nostrum. Amen.

sa Passion et sa Croix, à la gloire de sa résurrection. Par le même Jésus-Christ Notre-Seigneur. Ainsi soit-il.

LE REGINA CŒLI [1]

Au Temps pascal, c'est-à-dire depuis le midi du samedi saint jusqu'au midi inclusivement du samedi qui précède la fête de la T. S. Trinité, on doit, au lieu de l'*Angelus Domini*, réciter debout :

Regina cœli, lætare, alleluia.

Quia quem meruisti portare, alleluia,

Resurrexit sicut dixit, alleluia.

Ora pro nobis Deum, alleluia.

℣. Gaude et lætare, Virgo Maria, alleluia.

℟. Quia surrexit Dominus vere, alleluia.

OREMUS

Deus, qui per resurrectionem Filii tui Domini nostri Jesu Christi mundum lætificare dignatus es : præsta, quæsumus; ut per ejus Genitricem Virginem Mariam perpetuæ capiamus gaudia vitæ. Per eumdem Christum Dominum nostrum. Amen.

Reine du ciel, réjouissez-vous, alleluia,

Parce que Celui que vous avez mérité de porter dans votre sein, alleluia,

Est ressuscité comme il l'avait dit, alleluia.

Priez Dieu pour nous, alleluia.

℣. Soyez dans la joie et l'allégresse, ô Vierge Marie, alleluia.

℟. Parce que le Seigneur est vraiment ressuscité, alleluia.

PRIONS

O Dieu, qui avez daigné réjouir le monde par la résurrection de Notre-Seigneur Jésus-Christ votre Fils : faites, s'il vous plaît, que par le secours de Marie, sa Mère, toujours vierge, nous obtenions les joies de la vie éternelle. Par ce même Jésus-Christ Notre-Seigneur. Ainsi soit-il.

PRIÈRES AVANT LE REPAS

Benedicite. ℟. Dominus. Nos et ea quæ sumus sumpturi, benedicat dextera Christi. ℣. In nomine Patris, et Filii, et Spiritus sancti.

℟. Amen.

Bénissez. ℟. Que ce soit le Seigneur. — Que la main de Jésus-Christ bénisse nos personnes et la nourriture que nous allons prendre. ℣. Au nom du Père, et du Fils, et du Saint-Esprit.

℟. Ainsi soit-il.

---

1 Mêmes indulgences que pour l'*Angelus*.

ACTION DE GRACES APRÈS LE REPAS

Nous vous rendons grâce pour tous vos bienfaits, ô Dieu tout-puissant, qui vivez et régnez dans tous les siècles des siècles.

℟. Ainsi soit-il.

℣. Bénissons le Seigneur.

℟. Rendons-lui grâce.

Que Dieu, par sa miséricorde, donne aux âmes des défunts un repos éternel.

℟. Ainsi soit-il.

Agimus tibi gratias, omnipotens Deus, pro universis beneficiis tuis, qui vivis et regnas in sæcula sæculorum.

Amen.

℣. Benedicamus Domino.

℟. Deo gratias.

Fidelium animæ, per misericordiam Dei, requiescant in pace.

℟. Amen.

PRIÈRES A LA SAINTE VIERGE

MEMORARE

Souvenez-vous, ô très pieuse Vierge Marie, qu'on n'a jamais entendu dire qu'aucun de ceux qui ont eu recours à votre protection, qui ont imploré votre secours et sollicité vos suffrages, ait été abandonné. Animé de cette confiance, ô Vierge des vierges, ô ma Mère, je viens, je cours à vous; et, gémissant sous le poids de mes péchés, je me prosterne à vos pieds. O Mère du Verbe, ne méprisez pas ma prière; mais écoutez-la favorablement, et daignez l'exaucer.

Memorare, o piissima Virgo Maria, non esse auditum a sæculo quemquam ad tua currentem præsidia, tua implorantem auxilia et tua petentem suffragia, a te esse derelictum. Ego tali animatus confidentia ad te, Virgo virginum, Mater, curro, ad te venio; coram te gemens peccator assisto. Noli, Mater Verbi, verba mea despicere, sed audi propitia et exaudi.

300 jours d'indulgence chaque fois. (B. du 25 juillet 1846.)

SUB TUUM PRÆSIDIUM

Nous avons recours à votre assistance, sainte Mère de Dieu : ne dédaignez pas les prières que nous vous adressons dans nos besoins; mais délivrez-nous en tout temps de tous périls, ô Vierge remplie de gloire et de bénédiction. Ainsi soit-il.

Sub tuum præsidium confugimus, sancta Dei Genitrix : nostras deprecationes ne despicias in necessitatibus; sed a periculis cunctis libera nos semper, Virgo gloriosa et benedicta. Amen.

PRIÈRE A SAINT JOSEPH

O saint Joseph, Père et Protecteur des vierges, gardien fidèle à qui Dieu confia Jésus, l'innocence même, et Marie la Vierge des vierges; ah! je vous en supplie et je vous en conjure par Jésus et Marie, par ce double dépôt qui vous fut si cher, faites que, préservé de toute souillure, pur de cœur et chaste de corps, je serve constamment Jésus et Marie dans une chasteté parfaite. Ainsi soit-il. (*100 jours d'indulgences.* 3 février 1863.)

PRIÈRE A L'ANGE GARDIEN

Ange de Dieu, qui êtes mon gardien, la divine Providence m'a confié à votre sollicitude; éclairez-moi, protégez-moi, dirigez-moi et gouvernez-moi. Ainsi soit-il. (*300 jours d'indulgences chaque fois.*)

PRIÈRES ET PRATIQUES DIVERSES

1° Avant de commencer les plus importantes actions :

Mon Dieu, je vous offre par Notre-Seigneur Jésus-Christ cette action que je vais faire pour votre plus grande gloire.

2° Pour se préserver du péché :

Mon Dieu, préservez-moi de tout péché par votre infinie miséricorde.

3° Lorsqu'on souffre quelque tentation :

Mon Dieu, je renonce à cette tentation; j'aimerais mieux mourir que de vous offenser.

Et produire un acte de la vertu contraire à la tentation.

Si on tombe en quelque péché, on doit faire aussitôt un acte de Contrition et s'imposer quelque pénitence.

4° Si on reçoit quelque injure ou dommage, on doit pardonner de bon cœur, et dire :

Mon Dieu, je pardonne à un tel : je ne lui ferai pas de mal, et je l'aimerai de tout mon cœur pour l'amour de vous.

5° Si on souffre en son corps ou en son esprit :

Mon Dieu, je vous offre cette douleur en union des souffrances de Notre-Seigneur Jésus-Christ pour satisfaire à votre justice : faites-moi la grâce de la supporter avec patience.

6° Quand l'horloge sonne :

Mon Dieu, faites-moi la grâce de bien vivre et de bien mourir.

ORAISONS JACULATOIRES

Jésus, Marie, Joseph, je vous donne mon cœur, mon esprit et ma vie.

Jésus, Marie, Joseph, assistez-moi dans ma dernière agonie.

Jésus, Marie, Joseph, que je meure en paix dans votre sainte compagnie. (*300 jours d'indulgences chaque fois.*)

Mon Jésus, miséricorde! (*100 jours d'indulgences chaque fois.*)

Très doux Jésus, ne soyez point mon juge, mais mon Sauveur. (*30 jours d'indulgences chaque fois.*)

Père éternel, je vous offre le sang très précieux de Jésus-Christ en expiation de mes péchés et pour les besoins de la sainte Église. (*100 jours d'indulgences chaque jour.*)

Loué et remercié soit à chaque instant le très saint et très divin Sacrement. (*100 jours d'indulgences une fois le jour.*)

Cœur sacré de Jésus, ayez pitié de nous. (*100 jours d'indulgences chaque fois.*)

Cœur immaculé de Marie, priez pour nous (*100 jours d'indulgences chaque fois.*)

Doux Cœur de mon Jésus, faites que je vous aime de plus en plus. (*300 jours d'indulgences chaque fois.*)

Doux Cœur de Jésus, soyez mon amour. (*300 jours d'indulgences chaque fois.*)

Doux Cœur de Marie, soyez mon salut. (*300 jours d'indulgences chaque fois.*)

Aimé soit partout le sacré Cœur de Jésus. (*100 jours d'indulgences chaque fois.*)

Jésus, doux et humble de cœur, faites que mon cœur soit comme le vôtre. (*300 jours d'indulgences chaque fois.*)

O Marie, conçue sans péché, priez pour nous qui avons recours à vous.

Bénie soit la sainte et immaculée Conception de la bienheureuse Vierge Marie. (*100 jours d'indulgences chaque fois.*)

Notre-Dame du Sacré-Cœur, priez pour nous. (*100 jours d'indulgences chaque fois.*)

Saint Joseph, ami du sacré Cœur, priez pour nous. (*100 jours d'indulgences chaque fois.*)

PRIÈRE DU SOIR

Toute la famille étant à genoux, devant un Crucifix ou une autre image de piété, le chef, ou quelque autre, doit ainsi la commencer à haute voix :

✝ In nomine Patris, et Filii, et Spiritus sancti. Amen.

℣. Veni, sancte Spiritus, reple tuorum corda Fidelium, et tui amoris in eis ignem accende.

℣. Emitte Spiritum tuum, et creabuntur.

℟. Et renovabis faciem terræ.

Or. Deus, qui corda Fidelium sancti Spiritus illustratione docuisti : da nobis in eodem Spiritu recta sapere, et de ejus semper consolatione gaudere. Per Christum Dominum nostrum. Amen.

ACTE DE FOI DE LA PRÉSENCE DE DIEU

Mon Dieu, je crois fermement que vous êtes ici présent et partout.

ACTE D'ADORATION

Mon Dieu, je vous adore avec tous les Anges et tous les Saints comme mon Créateur et mon souverain Seigneur, de qui je dépends en toutes choses.

ACTE D'ACTION DE GRACES

Mon Dieu, je vous remercie de m'avoir créé, racheté, fait Chrétien, et de toutes les grâces que j'ai reçues de vous en ce jour et en toute ma vie.

ACTE DE PRIÈRE

Mon Dieu, faites-moi connaître les péchés que j'ai commis aujourd'hui, en pensées, paroles, actions et omissions, et particulièrement ceux de ma profession et ceux auxquels j'ai le plus d'habitude.

Après avoir demandé à Dieu la grâce de connaitre ses péchés, il faut dire : *Mettons-nous en la présence de Dieu;* puis penser, un peu de temps, aux péchés qu'on a commis, se ressouvenant des lieux où l'on a été, des personnes à qui on a parlé, des affaires qu'on a faites; et faire ensuite un acte de Contrition.

ACTE DE CONTRITION

Mon Dieu, je me repens de tout mon cœur de vous avoir offensé, parce que vous êtes infiniment bon et aimable, et que le péché vous déplaît; je déteste toutes les occasions et les mauvaises habitudes qui m'y portent, et je proteste, moyennant votre sainte grâce, de ne vous offenser jamais, de me corriger au plus tôt, et de faire pénitence de tous mes péchés.

ACTE D'AMOUR DE DIEU

Mon Dieu, je vous aime de tout mon cœur, par Notre-Seigneur Jésus-Christ.

ORAISON DOMINICALE

Pater noster, qui es in cœlis, sanctificetur nomen tuum : adveniat regnum tuum, fiat voluntas tua, sicut in cœlo et in terra; panem nostrum quotidianum da nobis hodie; et dimitte nobis debita nostra, sicut et nos dimittimus debitoribus nostris; et ne nos inducas in tentationem; sed libera nos a malo. Amen.

Misereatur nostri omnipotens Deus, et dimissis peccatis nostris perducat nos ad vitam æternam. Amen.

Indulgentiam, absolutionem et remissionem peccatorum nostrorum tribuat nobis omnipotens et misericors Dominus. Amen.

SALUTATION ANGÉLIQUE

Ave, Maria, gratia plena; Dominus tecum; benedicta tu in mulieribus, et benedictus fructus ventris tui, Jesus.

Sancta Maria, Mater Dei, ora pro nobis peccatoribus, nunc et in hora mortis nostræ. Amen.

SYMBOLE DES APOTRES

Credo in Deum, Patrem omnipotentem, Creatorem cœli et terræ; et in Jesum Christum, Filium ejus unicum, Dominum nostrum. Qui conceptus est de Spiritu sancto; natus ex Maria Virgine : passus sub Pontio Pilato, crucifixus, mortuus et sepultus; descendit ad inferos; tertia die resurrexit a mortuis, ascendit ad cœlos, sedet ad dexteram Dei Patris omnipotentis, inde venturus est judicare vivos et mortuos.

Credo in Spiritum sanctum, sanctam Ecclesiam catholicam, sanctorum communionem, remissionem peccatorum, carnis resurrectionem, vitam æternam. Amen.

CONFITEOR

Confiteor Deo omnipotenti, beatæ Mariæ semper virgini, beato Michaeli Archangelo, beato Joanni Baptistæ, sanctis

Apostolis Petro et Paulo, omnibus Sanctis (et tibi, Pater), quia peccavi nimis, cogitatione, verbo et opere : mea culpa, mea culpa, mea maxima culpa. Ideo precor beatam Mariam semper virginem, beatum Michaelem Archangelum, beatum Joannem Baptistam, sanctos Apostolos Petrum et Paulum, omnes Sanctos (et te, Pater) orare pro me ad Dominum Deum nostrum.

PRIÈRE AU SAINT PATRON

Glorieux saint *N.*, mon Patron, qui, du haut des cieux, où vous régnez avec Dieu, connaissez le fond de ma misère et de mon impuissance, procurez-moi les grâces qui me sont nécessaires ; détournez les périls dont mon âme est environnée ; faites-moi tellement imiter vos vertus et votre sainte vie sur la terre, que je puisse avec vous, après ma mort, glorifier Dieu dans le ciel pendant tous les siècles des siècles. Ainsi soit-il.

PRIÈRE A L'ANGE GARDIEN

Esprit bienheureux, mon bon Ange gardien, que la bonté de Dieu a destiné pour ma conduite, réglez tous les mouvements de mon esprit et de mon cœur, par la Foi, l'Espérance et la Charité ; faites-moi vivre et mourir en la grâce de Dieu. Par les mérites de Notre-Seigneur Jésus-Christ. Ainsi soit-il.

Très sainte Vierge, Mère de Dieu, tous les Anges du ciel, Saints et Saintes du paradis, priez pour nous. Ainsi soit-il.

PRIÈRE POUR LES VIVANTS ET POUR LES FIDÈLES TRÉPASSÉS

Répandez, Seigneur, vos bénédictions sur mes parents, mes bienfaiteurs, mes amis et mes ennemis. Protégez tous ceux que vous m'avez donnés pour supérieurs, tant spirituels que temporels. Secourez les pauvres, les prisonniers, les affligés, les voyageurs, les malades et les agonisants. Convertissez les hérétiques, les pécheurs, et éclairez les infidèles.

Dieu de bonté et de miséricorde, ayez aussi pitié des âmes des fidèles qui sont dans le purgatoire. Mettez fin à leurs peines ; et donnez à celles pour lesquelles je suis plus particulièrement obligé de prier, le repos et la lumière éternelle.

ACTES DE FOI

Sur les principaux mystères de la Religion.

ACTE DE FOI SUR LA SAINTE TRINITÉ

Je crois, ô mon Dieu, que vous êtes un seul Dieu en trois personnes : le Père, le Fils, et le Saint-Esprit, parce que vous l'avez dit.

ACTE DE FOI SUR L'INCARNATION

Je crois de tout mon cœur que le Fils de Dieu, la seconde personne de la sainte Trinité, s'est fait homme dans le sein sacré de la Vierge Marie, parce que Dieu l'a dit.

ACTE DE FOI SUR LA RÉDEMPTION

Je crois très fermement que le Fils de Dieu, la seconde personne de la sainte Trinité, s'étant fait homme, est mort sur une croix pour nous délivrer du péché et de l'enfer, et pour nous mériter la vie éternelle, parce que Dieu l'a dit.

ACTE DE FOI SUR L'ÉTERNITÉ

Je crois fermement, ô mon Dieu, qu'après cette vie il y a un paradis pour la récompense des bons, et un enfer pour la punition des méchants, qui ne finiront jamais, parce que vous l'avez dit.

LITANIES DE LA SAINTE VIERGE[1]

Seigneur, ayez pitié de nous.	Kyrie, eleison.
Jésus-Christ, ayez pitié de nous.	Christe, eleison.
Seigneur, ayez pitié de nous.	Kyrie, eleison.
Jésus-Christ, écoutez-nous.	Christe, audi nos.
Jésus-Christ, exaucez-nous.	Christe, exaudi nos.
Père céleste qui êtes Dieu, ayez pitié de nous.	Pater de cœlis, Deus, miserere nobis.
Fils Rédempteur du monde qui êtes Dieu, ayez pitié de nous.	Fili, redemptor mundi, Deus, miserere nobis.
Esprit-Saint qui êtes Dieu, ayez pitié de nous.	Spiritus sancte Deus, miserere nobis.
Sainte Trinité, qui êtes un seul Dieu, ayez pitié de nous.	Sancta Trinitas, unus Deus, miserere nobis.
Sainte Marie, priez pour nous.	Sancta Maria, ora pro nobis.
Sainte Mère de Dieu, priez.	Sancta Dei Genitrix, ora.
Sainte Vierge des vierges, priez.	Sancta Virgo virginum, ora.
Mère de Jésus-Christ, priez.	Mater Christi, ora pro nobis.

---

[1] 300 jours d'indulgences chaque fois. (D. de 1817.)

Mater divinæ gratiæ,	Mère de la divine grâce,
Mater purissima,	Mère très pure,
Mater castissima,	Mère très chaste,
Mater inviolata,	Mère toujours vierge,
Mater intemerata,	Mère sans tache,
Mater amabilis,	Mère aimable,
Mater admirabilis,	Mère admirable,
Mater Creatoris,	Mère du Créateur,
Mater Salvatoris,	Mère du Sauveur,
Virgo prudentissima,	Vierge très prudente,
Virgo veneranda,	Vierge vénérable,
Virgo prædicanda,	Vierge célèbre,
Ora pro nobis.	*Priez pour nous.*
Virgo potens,	Vierge puissante,
Virgo clemens,	Vierge clémente,
Virgo fidelis,	Vierge fidèle,
Speculum justitiæ,	Miroir de justice,
Sedes sapientiæ,	Temple de sagesse,
Causa nostræ lætitiæ,	Cause de notre joie,
Vas spirituale,	Demeure du Saint-Esprit,
Vas honorabile,	Vaisseau honorable,
Vas insigne devotionis,	Vaisseau insigne de dévotion,
Rosa mystica,	Rose mystérieuse,
Turris Davidica,	Tour de David,
Turris eburnea,	Tour d'ivoire,
Domus aurea,	Maison d'or,
Fœderis arca,	Arche d'alliance,
Janua cœli,	Porte du ciel,
Stella matutina,	Étoile du matin,
Salus infirmorum,	Salut des infirmes,
Refugium peccatorum,	Refuge des pécheurs,
Consolatrix afflictorum,	Consolatrice des affligés,
Auxilium christianorum,	Secours des chrétiens,
Regina Angelorum,	Reine des Anges,
Regina Patriarcharum,	Reine des Patriarches,
Regina Prophetarum,	Reine des Prophètes,
Ora pro nobis.	*Priez pour nous.*
Regina Apostolorum,	Reine des Apôtres,
Regina Martyrum,	Reine des Martyrs,
Regina Confessorum,	Reine des Confesseurs,
Regina Virginum,	Reine des Vierges,
Regina Sanctorum omnium,	Reine de tous les Saints,
Regina sine labe originali concepta, ora pro nobis.	Reine conçue sans le péché originel, priez pour nous.
Regina sacratissimi Rosarii, ora pro nobis.	Reine du très saint Rosaire, priez pour nous.

Agneau de Dieu, qui effacez les péchés du monde, pardonnez-nous, Seigneur.	Agnus Dei, qui tollis peccata mundi, parce nobis, Domine.
Agneau de Dieu, qui effacez les péchés du monde, exaucez-nous, Seigneur.	Agnus Dei, qui tollis peccata mundi, exaudi nos, Domine.
Agneau de Dieu, qui effacez les péchés du monde, ayez pitié de nous.	Agnus Dei, qui tollis peccata mundi, miserere nobis.
Jésus, écoutez-nous.	Christe, audi nos.
Jésus, exaucez-nous.	Christe, exaudi nos.
℣. Priez pour nous, sainte Mère de Dieu. ℟. Afin que nous devenions dignes de recevoir l'effet des promesses de Jésus-Christ.	℣. Ora pro nobis, sancta Dei Genitrix. ℟. Ut digni efficiamur promissionibus Christi.
PRIONS	OREMUS
Nous vous supplions, Seigneur, de répandre votre grâce dans nos âmes, afin qu'ayant connu par la voix de l'Ange l'Incarnation de votre Fils Jésus-Christ, nous arrivions, par sa Passion et sa Croix, à la gloire de sa Résurrection. Par le même Jésus-Christ Notre-Seigneur. Ainsi soit-il.	Gratiam tuam, quæsumus, Domine, mentibus nostris infunde : ut qui, Angelo nuntiante, Christi Filii tui Incarnationem cognovimus, per Passionem ejus et Crucem ad Resurrectionis gloriam perducamur. Per eumdem Christum Dominum nostrum. Amen.

ACTE D'OFFRANDE DE SON SOMMEIL A DIEU

Mon Dieu, je vous offre le sommeil que je vais prendre et mon réveil de demain ; conservez-moi en votre grâce, et préservez-moi de tout péché.

Étant sur le point de se mettre au lit, il faut prendre de l'eau bénite, en disant :

Mon Dieu, purifiez mon âme de tout péché ; je le déteste pour l'amour de vous.

Et en jeter sur son lit.

Étant couché, il faut élever son cœur à Dieu, en disant :

Mon Dieu, faites-moi la grâce de mourir avec les dispositions de Notre-Seigneur Jésus-Christ.

Puis faire le signe de la croix et prononcer dévotement les saints noms de Jésus et de Marie.

MÉTHODE POUR LA CONFESSION

I. Avant d'entrer dans le confessionnal.

Il faut se préparer. — Pour se préparer, il faut :

1° Se recueillir. — 2° Demander la grâce de connaître ses péchés. — 3° S'examiner. — 4° S'exciter à la contrition. — 5° Attendre auprès du confessionnal avec un maintien recueilli.

PRIÈRE AVANT L'EXAMEN DE CONSCIENCE

Esprit-Saint, source infinie de lumière et de vérité, faites-moi connaître mes péchés avec leur gravité et leur nombre. Aidez-moi à les détester, à en concevoir une douleur amère et à les accuser avec toute la sincérité que vous exigez de moi.

O Marie, refuge des pécheurs, saint Joseph, mon saint patron, mon bon ange, obtenez-moi la grâce de faire une bonne confession et de ne plus pécher à l'avenir. (*Notre Père... Je vous salue...*)

EXAMEN DE CONSCIENCE

N. B. Cet examen est particulièrement destiné aux enfants.

COMMANDEMENTS DE DIEU

1er COMMANDEMENT (Un seul Dieu tu adoreras, etc.)

Foi. — Mon Père, je m'accuse d'avoir douté de quelques vérités de la religion. (*Lesquelles?*) — D'avoir mal parlé ou entendu mal parler de la religion et des prêtres ou des cérémonies de l'Église. — D'avoir omis les pratiques de piété par respect humain. — D'avoir négligé de m'instruire des vérités de la religion, en n'étudiant pas mon catéchisme, et n'écoutant pas l'explication qui en était faite.

Espérance. — D'avoir commis plusieurs fois le même péché en pensant que je m'en confesserais. — D'avoir murmuré contre la Providence, parce que j'étais malheureux. — D'avoir désespéré de mon salut..., de me corriger.

Charité. — De n'avoir presque jamais pensé à Dieu. — D'avoir résisté aux bonnes pensées que Dieu me donnait et d'avoir suivi les tentations du démon. — De m'être moqué de ceux qui étaient plus sages et plus pieux que moi.

Religion. — D'avoir manqué mes prières du matin et du soir. (*Combien de fois?*) — D'être resté longtemps sans les faire. (*Combien de temps?*) — De les avoir mal faites. (*Est-ce habituellement?*) — D'avoir profané les choses saintes..., l'eau bénite. — D'avoir cru à des choses superstitieuses, par exemple : aux songes, aux devins, aux sorciers. — D'être entré dans l'église sans respect. — De m'y être dissipé et d'y avoir fait dissiper les autres.

2e COMMANDEMENT. (Dieu en vain tu ne jureras, etc.)

Serments. — Mon Père, je m'accuse d'avoir juré pour assurer ce qui était : 1o douteux ; 2o faux ; 3o pour promettre une chose sans intention de la faire ; 4o pour promettre une chose mauvaise ; 5o pour assurer ce qui était vrai, mais sans nécessité. — D'avoir obligé les autres à jurer lorsqu'ils disaient ou promettaient quelque chose.

Blasphèmes. — D'avoir prononcé le saint nom de Dieu avec le mot *sacré* ou autres mots injurieux. — D'avoir dit que Dieu n'est pas bon, juste, etc. — D'avoir été cause que d'autres ont blasphémé.

Imprécations. — D'avoir fait des imprécations contre moi-même, le temps, les animaux. — D'avoir dit, par exemple : *Dieu me punisse, si... Je veux mourir, si...*

Vœux. — D'avoir fait des vœux sans consulter mon confesseur. (*Lesquels?*)

3e COMMANDEMENT. (Les dimanches tu garderas, etc.)

Le 1er commandement de l'Église (les dimanches Messe ouïras) et le 2e commandement (les fêtes tu sanctifieras) se rapportent au 3e commandement de Dieu.

Travail. — Mon Père, je m'accuse d'avoir travaillé le dimanche et les jours de fêtes. (*Combien de temps chaque fois?*) — D'avoir été cause qu'on a travaillé.

Offices. — De n'avoir pas assisté à la Messe par ma faute. — D'en avoir manqué une partie. (*Laquelle?*) — D'avoir ri et causé, fait rire et causer les autres pendant la Messe ou les Vêpres. — D'avoir manqué les Vêpres par ma faute.

4e COMMANDEMENT. (Tes père et mère honoreras, etc.)

Mon Père, je m'accuse d'avoir désobéi à mes parents. — De leur avoir manqué de respect (*gestes, menaces, paroles grossières*). — De les avoir fait mettre en colère. — D'avoir murmuré lorsqu'ils me corrigeaient. — De leur avoir souhaité du mal ou même la mort. — D'avoir eu le malheur de les frapper. — D'avoir mal parlé d'eux. — D'avoir rougi d'eux.

(*Examiner si on a commis ces mêmes péchés contre ses supérieurs spirituels ou temporels.*)

De m'être disputé avec mes frères et sœurs. — De leur avoir souhaité du mal, par jalousie ou par colère. — De les avoir fait gronder ou punir injustement. — De m'être réjoui lorsqu'ils l'étaient. — D'avoir été méchant avec les domestiques de mes parents. — De les avoir battus.

5e COMMANDEMENT. (Homicide point ne seras...)

Mon Père, je m'accuse d'avoir eu de la haine contre mon prochain. — De lui avoir souhaité du mal ou même la mort. — D'avoir cherché à lui faire de la peine. — De m'être disputé avec mes camarades. — De les avoir tournés en ridicule, injuriés, frappés. — De m'être vengé ou d'en avoir eu le désir. — De m'être brouillé avec eux. — D'être resté longtemps sans vouloir leur pardonner. — De leur avoir donné de mauvais conseils, de mauvais exemples. — De m'être souhaité la mort à moi-même en des moments de colère. — D'avoir fait des choses nuisibles à ma santé.

6e ET 9e COMMANDEMENT. (Luxurieux point ne seras... L'œuvre de la chair ne désireras...)

Mon Père, je m'accuse de m'être arrêté avec plaisir à de mauvaises pensées, à de mauvais désirs. — De m'être permis de mauvais regards (*personnes, tableaux, gravures*). — D'avoir été curieux pour voir ou apprendre de mauvaises choses. — D'avoir tenu ou entendu de mauvaises conversations. — D'avoir chanté ou entendu chanter des chansons déshonnêtes. — D'en avoir appris aux autres. — D'avoir lu de mauvais livres. — D'avoir joué à des jeux indécents. — D'avoir fait des choses contraires à la modestie (*seul ou avec d'autres*). — D'avoir manqué de modestie en m'habillant et en me déshabillant. — D'avoir fréquenté de mauvaises compagnies. — D'avoir porté les autres au mal.

7e ET 10e COMMANDEMENT. (Les biens d'autrui tu ne prendras... Les biens d'autrui ne convoiteras...)

Mon Père, je m'accuse d'avoir pris de l'argent, des fruits, des friandises, d'autres objets (*à mes parents ou à d'autres personnes*). — D'avoir pris à mes camarades des livres, du papier, des plumes, etc. — D'avoir engagé ou aidé les autres à voler. — D'avoir causé des dégâts ou des dégradations. — D'avoir désiré prendre des choses qui ne m'appartenaient pas. — De n'avoir pas pris assez de soin des objets qui sont à mon usage. — D'avoir donné à mes camarades des livres ou d'autres objets sans la permission de mes parents.

8e COMMANDEMENT. (Faux témoignage ne diras...)

Mon Père, je m'accuse d'avoir menti, par plaisanterie, pour m'excuser, pour n'être pas puni. — D'avoir cherché à tromper pour mes devoirs, pour mes leçons. — D'avoir conseillé aux autres de mentir. — D'avoir dit le mal que je savais sur mon prochain. — De l'avoir exagéré. — D'avoir accusé les autres d'un mal qu'ils n'avaient pas fait.

COMMANDEMENTS DE L'ÉGLISE

Le 1er et le 2e commandements ont été examinés au 3e commandement de Dieu.

3e COMMANDEMENT. (Tous tes péchés confesseras...)

Mon Père, je m'accuse d'avoir passé plus d'un an sans me confesser. — D'avoir caché des péchés mortels en confession. (*Lesquels?*) — D'en avoir oublié parce que je n'avais pas bien fait mon examen de conscience. — De ne les avoir pas bien expliqués afin qu'ils ne parussent pas si grands. — De ne pas m'être assez excité à la douleur de mes péchés. — De m'être amusé près du confessionnal. — D'avoir entendu la confession des autres. — D'en avoir parlé. — D'avoir répété ce que mon confesseur m'avait dit. — De n'avoir pas fait la pénitence ou de l'avoir mal faite.

4e COMMANDEMENT. (Ton Créateur tu recevras...)

Mon Père, je m'accuse de n'avoir pas communié pendant le Temps pascal. — D'avoir communié sans préparation, sans piété, par habitude, pour faire comme les autres..., sans faire d'action de grâces. — D'avoir communié en état de péché de mortel... avec des doutes.

5e COMMANDEMENT. (Quatre-Temps, Vigiles...)

Ce commandement ne regarde que les personnes qui ont atteint l'âge de vingt et un ans accomplis.

6e COMMANDEMENT. (Vendredi chair ne mangeras...)

Mon Père, je m'accuse d'avoir mangé de la viande, les jours défendus, en y pensant, par respect humain. — D'avoir engagé les autres à en manger.

PÉCHÉS CAPITAUX

Orgueil. — Mon Père, je m'accuse de m'être estimé plus que les autres, à cause de mes parents, de ma figure, de ma voix, de mes habits, de mes talents, des récompenses et des éloges que j'ai reçus. — D'avoir cherché à paraître vertueux par hypocrisie. — De m'être vanté. — De m'être entêté. — D'avoir été égoïste et peu complaisant pour les autres. — D'avoir boudé quand on me reprenait ou quand on me contrariait.

Avarice. — D'avoir trop tenu à l'argent. — D'avoir été dur pour les pauvres. — De ne leur avoir rien donné quand je le pouvais. — D'avoir murmuré contre Dieu à cause de ma pauvreté.

Luxure. — Voir au 6e commandement de Dieu.

Envie. — Mon Père, je m'accuse d'avoir été jaloux du bonheur des autres. — De leurs avantages, de leurs qualités, de leurs succès. — D'avoir été triste quand on les louait. — De m'être réjoui quand on en disait du mal ou qu'il leur arrivait quelque accident.

Gourmandise. — Mon Père, je m'accuse d'avoir trop mangé ou trop bu. — D'avoir recherché les meilleurs morceaux. — D'avoir jeté le pain ou les autres choses que je ne voulais pas manger.

Colère. — Mon Père, je m'accuse de m'être mis dans de grandes colères. — D'y être demeuré longtemps. — D'avoir l'habitude de m'impatienter, de murmurer.

Paresse. — Mon Père, je m'accuse d'avoir été paresseux pour me lever, pour travailler.

DEVOIRS D'ÉTAT

Mon Père, je m'accuse d'avoir manqué le Catéchisme par ma faute. — D'avoir détourné les autres d'y aller. — D'avoir ri ou parlé au lieu d'écouter. — D'avoir manqué la classe par ma faute. — D'avoir engagé les autres à y manquer. — De m'être dissipé en classe et d'avoir trompé la surveillance de mes maîtres. — D'avoir mal fait mes devoirs et de n'avoir pas bien étudié mes leçons.

MANIÈRE DE S'EXCITER A LA CONTRITION

Pour s'exciter à la contrition, on peut employer la méthode de M. de la Mothe, évêque d'Amiens, qui consiste à faire successivement trois stations, au Ciel, en Enfer, sur le Calvaire.

1re *station : Au Ciel.* — Se représenter de son mieux le séjour des bienheureux et la place que Dieu nous y avait destinée et que nous avons eu le malheur de perdre par le péché.

2e *station : En Enfer.* — Se transporter, par l'imagination, dans l'enfer, au milieu des damnés, et y considérer la place que le péché nous y a préparée.

3e *station : Sur le Calvaire.* — Monter en esprit sur le Calvaire à la suite de Jésus-Christ, assister à toutes les scènes douloureuses de sa Passion et de sa mort, en considérant que c'est par amour pour nous, et afin de satisfaire pour nos péchés, qu'il a répandu tout son sang.

A la suite de ces trois stations, faire de tout son cœur un acte de contrition.

II. Pendant qu'on est dans le confessionnal.

Il faut entrer dans le confessionnal sans précipitation ; s'y tenir à genoux, les mains jointes, la tête médiocrement inclinée ; faire le signe de la croix, en disant : *Au nom du Père,* etc.

Puis demander la bénédiction du prêtre, en disant :

Bénissez-moi, mon Père, parce que j'ai péché.

Réciter ensuite : *Je me confesse,* jusqu'à *par ma faute.*

Et sans attendre que le confesseur interroge, lui dire :

Mon Père, il y a tant de temps que je me suis confessé. (Il faut dire combien.)

J'ai reçu (ou non) *l'absolution.* — *J'ai accompli* (ou non) *ma pénitence.*

Après cela, il faut commencer sa confession, en suivant l'ordre de l'examen de conscience, et dire à chaque péché combien de fois environ on l'a commis.

En s'adressant au confesseur, on ne doit pas se servir du mot *Monsieur,* mais dire toujours : *Mon Père.*

Ne pas raconter simplement ses fautes, en disant : *J'ai omis mes prières... J'ai été désobéissant...*

Mais dire : *Je m'accuse d'avoir omis mes prières..., d'avoir été désobéissant...*

A la fin, ajouter cette formule :

Mon Père, je m'accuse de tous les péchés que j'ai oubliés et de tous ceux que j'ai commis en toute ma vie ; j'en demande très humblement pardon à Dieu ; et à vous, mon Père, pénitence et absolution, si vous m'en jugez digne (ou bénédiction).

Ensuite s'incliner un peu, et achever le *Confiteor,* en disant : *J'avoue que c'est par ma faute,* etc.

A ce moment, il faut écouter avec une respectueuse attention la pénitence et les avis que le confesseur donne, comme si c'était Dieu lui-même qui parlât, et ne pas chercher en ce moment à se rappeler les péchés qu'on craindrait d'avoir oubliés.

S'il en revenait quelqu'un à la mémoire, il est bon de ne

pas interrompre le confesseur pour le lui dire, mais d'attendre qu'il ait fini de parler.

Lorsqu'il avertit qu'il va donner l'*absolution* ou sa *bénédiction*, il faut s'incliner profondément et réciter avec piété l'acte de contrition.

Ensuite on doit faire le signe de la croix et sortir du confessionnal avec modestie.

III. Quand on est sorti du confessionnal.

Il faut : 1° remercier Dieu des grâces reçues dans la confession ; 2° si on le peut, accomplir aussitôt la pénitence reçue ; 3° repasser dans son cœur les avis du confesseur et prendre de nouveau de bonnes résolutions ; 4° mettre ses résolutions sous la protection de la sainte Vierge et de son Ange gardien ; 5° se retirer avec recueillement et faire en sorte, pendant le reste de la journée et les jours suivants, que la conduite se ressente de la grâce qu'on vient de recevoir.

EXERCICES DE PIÉTÉ POUR LA COMMUNION

PRÉPARATION A LA PREMIÈRE COMMUNION

Pendant l'année ou le mois qui précède, il est bon, à cet effet, de réciter tous les matins la prière suivante :

O Jésus ! qui daignez m'inviter pour la première fois à votre sainte Table, préparez vous-même mon âme à cette action, la plus douce et la plus importante de ma vie. Faites que, pendant le cours de cette année bénie (*ou* ce mois béni) et principalement *aujourd'hui*, je tâche de m'en rendre digne par ma piété, ma bonne conduite et mon travail.

O Marie, mère de Jésus, saint Joseph, mon bon Ange, mon saint Patron, obtenez-moi la grâce de faire une bonne première communion. Ainsi soit-il.

Souvenez-vous, etc.

Comme la plus sainte des actions de la vie est de communier dignement, il faut employer au service de Notre-Seigneur le jour auquel on doit avoir le bonheur de le recevoir, et faire les Actes suivants pour s'y disposer :

ACTES QU'IL FAUT FAIRE AVANT LA COMMUNION

ACTE DE FOI AVANT DE COMMUNIER

Mon Sauveur Jésus-Christ, je crois fermement que vous êtes, en corps et en âme, au saint Sacrement de l'autel, et que je vais vous y recevoir.

ACTE D'ADORATION

Je vous adore, mon divin Jésus, avec tous les Anges et tous les Saints du paradis au saint Sacrement de l'autel.

ACTE DE CONTRITION

Mon Seigneur Jésus-Christ, j'ai une douleur extrême de vous avoir offensé, vous qui êtes la bonté même. Hélas ! Seigneur, plutôt mourir que de vous offenser jamais.

ACTE D'HUMILITÉ

O mon Dieu et mon Sauveur, je confesse, en la présence de votre divine Majesté, que je ne suis que néant et péché, et que je mérite l'enfer ; ô divin Sauveur, ayez compassion de ma misère.

ACTE D'AMOUR

Mon Sauveur et mon Dieu, je vous aime de tout mon cœur, de toute mon âme, de toutes mes forces, par-dessus toutes choses, parce que vous êtes infiniment bon, infiniment aimable : unissez-moi à vous pour n'en être jamais séparé.

ACTE DE CONFIANCE

J'espère en votre bonté, ô mon divin Jésus ! Vous qui êtes le Sauveur des hommes, je crois que vous me ferez miséricorde.

ACTE D'OFFRANDE

Mon Sauveur Jésus-Christ, je vous offre ma communion pour tous les besoins de l'Église et pour les miens, dans les mêmes intentions avec lesquelles vous avez institué le saint Sacrement de l'autel.

Après la communion, il faut se retirer de la sainte Table avec un très profond respect pour Notre-Seigneur Jésus-Christ ; et après avoir demeuré quelque temps dans un silence respectueux, adorant sa Majesté souveraine et admirant la bonté ineffable avec laquelle il s'est donné pour aliment, il faut faire les Actes qui suivent :

ACTES QU'IL FAUT FAIRE APRÈS LA COMMUNION

ACTE D'ADORATION

Mon divin Sauveur Jésus-Christ, je vous reconnais pour mon Créateur ; je vous adore de toute mon âme avec tous les Anges et tous les Saints.

ACTE DE REMERCIEMENT

Mon Sauveur et mon Dieu, je vous remercie de tout mon cœur de la grâce infinie que vous m'avez faite en vous donnant à moi en cette communion.

ACTE D'AMOUR

O mon divin Sauveur, je vous aime de toute mon âme ; je vous offre l'amour que tous les Saints ont pour vous dans le ciel.

ACTE D'OFFRANDE

Je vous offre, mon Dieu, tout ce que j'ai et tout ce que je suis ; disposez de moi, selon votre bon plaisir, dans le temps et dans l'éternité.

ACTE DE DEMANDE

Divin Jésus, qui avez institué ce Sacrement pour nous faire part de votre esprit et de vos vertus, je vous conjure de me faire la grâce de vous imiter parfaitement dans toutes les actions de ma vie, d'accomplir fidèlement vos saints commandements, et surtout de n'être jamais assez malheureux pour me séparer de vous par le péché mortel. Je vous demande la même grâce pour tous mes parents et amis. Secourez-nous, mon Dieu, dans nos afflictions, nos tentations et nos affaires. Répandez vos grâces sur toute votre Église, et en particulier sur notre Saint-Père le Pape, Mgr notre Évêque et tous les Pasteurs. Donnez, Seigneur, le repos éternel aux âmes des Fidèles qui souffrent dans le Purgatoire, afin que, dans le ciel et sur la terre, vous soyez loué, béni et adoré. Ainsi soit-il.

PRIÈRE APRÈS LA COMMUNION

O bon et très doux Jésus, je me prosterne à genoux en votre présence, et je vous prie et vous conjure, avec toute la ferveur de mon âme, de daigner graver dans mon cœur de vifs sentiments de Foi, d'Espérance et de Charité, un vrai repentir de mes égarements et une volonté très ferme de m'en corriger, pendant que je considère en moi-même et que je contemple en esprit vos cinq plaies, avec une grande affection et une grande douleur, ayant devant les yeux ces paroles prophétiques que David prononçait déjà de vous, ô bon Jésus : *Ils ont percé mes mains et mes pieds ; ils ont compté tous mes os.*

Une indulgence plénière, applicable aux défunts, est attachée à cette prière, récitée après la communion devant une image quelconque de Jésus crucifié. Mais il est nécessaire, pour gagner cette indulgence, d'ajouter quelque autre prière à l'intention du Souverain Pontife.

(Décret du 31 juillet 1858.)

RENOUVELLEMENT DES VŒUX DU BAPTÊME

Prosterné devant votre divine Majesté, Dieu de miséricorde, qui avez daigné m'appeler en Jésus-Christ pour être un de vos enfants par le Baptême, je renouvelle de tout mon cœur, en face de la sainte Église, toutes les promesses qu'on fit pour moi en ce saint jour ; c'est pourquoi je fais de nouveau profession et je promets, moyennant votre sainte grâce, de croire en vous et en Jésus-Christ, de l'honorer et de l'imiter toute ma vie ; je renonce de tout mon cœur à Satan, à ses pompes et à ses œuvres.

EXERCICES DE PIÉTÉ POUR LA CONFIRMATION

NEUVAINE PRÉPARATOIRE A LA CONFIRMATION

Réciter tous les jours : *Veni, creator,* etc.

PRIÈRE

O Dieu, qui m'avez fait votre enfant au Baptême, qui m'avez nourri de la chair de votre Fils, au jour de ma première communion, mettez le comble à vos faveurs en me donnant votre Saint-Esprit, comme autrefois aux Apôtres, le jour de la Pentecôte.

Esprit-Saint, venez en moi avec l'abondance de vos dons : Esprit de Sagesse, de Force, de Piété, venez éclairer mon esprit, fortifier ma volonté et échauffer mon cœur. Préparez vous-même mon âme à votre venue, et faites-moi jouir des fruits précieux du Sacrement que je vais recevoir. Ainsi soit-il.

ACTES AVANT LA CONFIRMATION

ACTE DE FOI

Mon Dieu, je crois que je vais recevoir votre Esprit-Saint dans le sacrement de Confirmation ; et je le crois, parce que vous l'avez dit et que vous êtes la vérité même, qui ne peut se tromper ni nous tromper.

ACTE D'ESPÉRANCE

J'espère de votre infinie miséricorde, ô mon Dieu ! que, malgré mon indignité, votre Saint-Esprit viendra en moi avec toute l'abondance de ses grâces, qu'il me rendra parfait chrétien et me donnera la force de confesser ma foi, même au péril de ma vie.

ACTE D'AMOUR

Je vous aime, ô mon Dieu, de tout mon cœur, de toute mon âme, de toutes mes forces et par-dessus toutes choses, parce que vous êtes infiniment bon et infiniment aimable, et parce que vous allez m'accorder la grâce de recevoir votre Esprit-Saint. Embrasez mon cœur de votre amour et que j'y persévère jusqu'à la fin de ma vie.

ACTE D'HUMILITÉ

Dieu infiniment saint, je reconnais que mes péchés m'ont rendu très indigne de recevoir votre Saint-Esprit. Je les déteste autant que j'en suis capable ; et je vous conjure d'en purifier mon âme de plus en plus, afin que ce divin Paraclet daigne y fixer à jamais sa demeure.

ACTE DE DÉSIR

Esprit-Saint, qui êtes Dieu comme le Père et le Fils, vous allez donc venir en moi. Quel bonheur pour moi de vous recevoir ! Mon âme soupire après vous ; elle désire que vous la combliez de tous vos dons ; et elle souhaite ardemment que rien ne puisse jamais lui en ravir les fruits salutaires.

ACTES APRÈS LA CONFIRMATION

ACTE D'ADORATION

Saint-Esprit, qui avez daigné venir habiter en moi comme dans un temple, je vous adore avec le plus profond respect comme mon Dieu, mon Seigneur et mon Roi. Vous êtes, avec le Père et le Fils, le Créateur et le souverain Maître de toutes choses : régnez à jamais sur moi.

ACTE DE REMERCIEMENT

Mon Dieu, quoique je ne sois pas capable de comprendre toute la grandeur du bienfait que vous venez de m'accorder en me communiquant votre Esprit-Saint, je vous en remercie avec les sentiments de la plus vraie reconnaissance. Le caractère de parfait chrétien que la Confirmation vient d'imprimer en mon âme, y restera gravé à jamais et sera pour moi le motif d'une éternelle reconnaissance.

ACTE D'OFFRANDE

Esprit divin, qui avez bien voulu, malgré mon indignité, vous donner entièrement à moi, je me donne également tout entier à vous. Je vous consacre mon esprit avec toutes ses pensées, mon cœur avec toutes ses affections ; vous serez désormais le Dieu de mon cœur, et mon partage pour l'éternité.

ACTE DE BON PROPOS

O mon Dieu, le glorieux caractère que m'a donné votre Esprit-Saint dans la Confirmation est un nouveau motif pour moi de pratiquer désormais plus fidèlement les maximes de l'Évangile. Le titre de chrétien m'imposait déjà cette obligation, mais celui de parfait chrétien me la rend encore plus sacrée. Enfant du Père céleste, disciple de Jésus-Christ et temple du Saint-Esprit, je ne veux plus avoir d'autre loi que la loi de Dieu. C'est en vain que le démon tentera de me perdre, que le monde s'efforcera de me séduire et que mes passions se révolteront contre moi. Je ne cesserai de les combattre, et, avec votre grâce, j'espère en triompher.

ACTE DE DEMANDE

Esprit-Saint, qui m'avez comblé de vos dons, je vous conjure de me les conserver toujours. Sans votre divine protection, je pourrais à chaque instant les perdre. Affermissez les résolutions que je viens de prendre ; aidez-moi à vaincre tout respect humain ; et faites par votre grâce que, toujours fidèle soldat de Jésus-Christ, je ne cesse de marcher sous l'étendard de sa croix et que je mérite d'être un jour associé à son triomphe.

PROFESSION de la Foi orthodoxe, selon la forme prescrite par les Souverains Pontifes Pie IV et Pie IX.

Je *N*..., crois et professe généralement et particulièrement tous les articles contenus dans le Symbole de la foi, usité dans la sainte Église romaine, qui est :

Je crois en un seul Dieu le Père tout-puissant, qui a fait le ciel et la terre, toutes les choses visibles et invisibles ; et en un seul Seigneur Jésus-Christ, Fils unique de Dieu, qui est né du Père, avant tous les siècles ; Dieu de Dieu, lumière de lumière, vrai Dieu de vrai Dieu ; qui n'a pas été fait, mais engendré, consubstantiel au Père ; par qui tout a été fait ; qui est descendu du ciel, pour nous autres hommes, et pour notre salut ; qui s'est incarné, par l'opération du Saint-Esprit, dans le sein de la Vierge Marie, et qui s'est fait homme ; qui a été crucifié pour nous, qui a souffert sous Ponce Pilate, et qui a été mis au tombeau ; qui est ressuscité le troisième jour, selon les Écritures ; qui est monté au ciel, où il est assis à la droite du Père ; qui viendra de nouveau, plein de gloire, pour juger les vivants et les morts, et dont le règne n'aura pas de fin. Je crois au Saint-Esprit, qui est aussi Seigneur et qui donne la vie, qui procède du Père et du Fils ; qui est adoré et glorifié avec le Père et le Fils ; qui a parlé par les Prophètes. Je crois l'Église qui est une, sainte, catholique et apostolique. Je confesse un Baptême pour la rémission des péchés ; et j'attends la résurrection des morts et la vie du siècle à venir. Ainsi soit-il.

J'admets très fermement et j'embrasse les traditions des Apôtres et de l'Église, et les autres règlements et constitutions de cette même Église.

J'admets aussi la sainte Écriture, dans le sens qu'a tenu et que tient notre sainte mère l'Église, à laquelle il appartient de juger du vrai sens et de l'interprétation des Écritures ; et je ne la recevrai ni ne l'interpréterai jamais que selon le sentiment unanime des Pères.

Je professe aussi qu'il y a proprement et selon la vérité sept Sacrements de la nouvelle Loi, établis par Jésus-Christ Notre-Seigneur pour le salut du genre humain, quoique tous ne soient pas nécessaires à chacun, savoir : le Baptême, la Confirmation, l'Eucharistie, la Pénitence, l'Extrême-Onction, l'Ordre et le Mariage ; que ces Sacrements donnent la grâce, et que, parmi ces Sacrements, le Baptême, la Confirmation et l'Ordre ne peuvent se réitérer sans sacrilège. Je reçois et admets encore les rites reçus et approuvés par l'Église catholique dans l'administration solennelle des Sacrements. Je reconnais et reçois chacune des définitions et des déclarations faites dans le saint Concile de Trente sur le péché originel et la justification.

Je confesse pareillement que dans la Messe on offre à Dieu un sacrifice vrai, propre et propitiatoire pour les vivants et pour les morts; et que dans le très saint sacrement de l'Eucharistie, se trouvent véritablement, réellement et substantiellement, le corps et le sang avec l'âme et la divinité de Notre-Seigneur Jésus-Christ; qu'il s'y fait un changement de toute la substance du pain au corps, et de toute la substance du vin au sang, lequel changement est appelé Transsubstantiation par l'Église catholique. Je confesse aussi que sous une seule de ces espèces, on reçoit le corps de Jésus-Christ tout entier et un véritable sacrement. Je tiens fermement qu'il existe un Purgatoire, et que les âmes qui y sont détenues sont soulagées par les suffrages des fidèles.

Je crois également que les Saints qui règnent avec Jésus-Christ doivent être révérés et invoqués; qu'ils offrent à Dieu des prières pour nous et qu'il faut honorer leurs reliques. Je tiens aussi fermement qu'on doit garder l'usage et conserver des images de Jésus-Christ et de la Mère de Dieu, toujours vierge, et des autres Saints, et qu'il faut leur rendre l'honneur et la révérence qui leur sont dus. J'affirme aussi que le pouvoir d'accorder des indulgences a été laissé dans l'Église par Jésus-Christ, et que l'usage en est très salutaire au peuple chrétien.

Je reconnais la sainte Église catholique, apostolique et romaine, mère et maîtresse de toutes les Églises. Je promets et je jure au Pontife romain, successeur de saint Pierre, prince des Apôtres et vicaire de Jésus-Christ, une véritable obéissance.

Je reçois de même très fermement, et je professe tout ce qui a été enseigné, défini et déclaré par les saints Canons, par les Conciles œcuméniques, principalement par le saint Concile de Trente (et par le Concile œcuménique du Vatican, particulièrement au sujet de la primauté et de l'infaillible magistère du Pontife romain). Je condamne en même temps, je rejette et anathématise toutes les opinions contraires, toutes les hérésies que l'Église a condamnées, rejetées et anathématisées.

Cette véritable foi catholique, hors de laquelle personne ne peut être sauvé, que je professe à cette heure spontanément, et à laquelle j'adhère avec sincérité, moi... je m'engage par promesse, par vœu et par serment à la conserver et à la professer constamment entière et véritable, jusqu'à mon dernier souffle, avec l'aide de Dieu; et de la faire observer, enseigner et prêcher, autant qu'il dépendra de moi, par ceux qui me seront subordonnés, ou par ceux dont le soin sera une attribution de ma charge. Ainsi Dieu m'aide, et ces saints Évangiles de Dieu.

PRIÈRE AVANT LE CATÉCHISME

Mon Sauveur et mon Dieu, faites-moi la grâce d'apprendre et de savoir tout ce qui est nécessaire pour vous connaître, vous aimer et vous servir.

Notre Père et *Je vous salue.*

PRIÈRE APRÈS LE CATÉCHISME

Saint Enfant Jésus, qui avez profité en âge et en sagesse devant Dieu et devant les hommes, faites-moi la grâce de profiter comme vous, afin que, vous imitant, je vous suive jusqu'à la vie éternelle. Ainsi soit-il.

Souvenez-vous, etc.

La très sainte Trinité.

CATÉCHISME

DU

DIOCÈSE D'AGEN

LEÇON PRÉLIMINAIRE

Qu'est-ce que le Catéchisme ?

Le Catéchisme est un abrégé de la doctrine chrétienne.

Qu'est-ce que la doctrine chrétienne ?

La doctrine chrétienne, c'est la doctrine de Jésus-Christ, que les Apôtres ont prêchée et que l'Église nous enseigne.

Tout le monde est-il obligé de connaître la doctrine chrétienne ?

Oui, c'est une obligation très grave pour tous les chrétiens de connaître la doctrine chrétienne.

Que faut-il faire pour connaître la doctrine chrétienne ?

Pour connaître la doctrine chrétienne, il faut étudier le Catéchisme, et assister exactement aux leçons que les prêtres donnent dans chaque paroisse.

N'y a-t-il que les prêtres qui doivent enseigner le Catéchisme ?

Les parents, les maîtres, les instituteurs, sont aussi obligés de faire apprendre le Catéchisme à leurs enfants, à leurs domestiques, à leurs élèves ; mais les prêtres seuls ont mission de l'expliquer.

En combien de parties se divise le Catéchisme?

Le Catéchisme se divise en quatre parties. La première renferme les vérités que nous devons croire; la deuxième, les devoirs que nous devons pratiquer; la troisième, les moyens que Dieu a établis pour nous sanctifier; et la quatrième contient une courte notice sur les principales fêtes de l'année et sur les saints spécialement honorés dans le diocèse.

Pratiques : Bien étudier le Catéchisme. — 2° Y assister régulièrement. — 3° En écouter attentivement les explications. — 4° Se rappeler souvent ce qu'on y a entendu.

Jésus-Christ envoyant ses Apôtres prêcher l'Évangile.

PREMIÈRE PARTIE

DES VÉRITÉS QUE NOUS DEVONS CROIRE

LEÇON PREMIÈRE

DU SYMBOLE DES APÔTRES ET DU SIGNE DE LA CROIX QUI EN EST L'ABRÉGÉ

Où sont contenues les vérités que nous devons croire ?

Les vérités que nous devons croire sont contenues en abrégé dans le Symbole des Apôtres.

Qu'est-ce que le Symbole des Apôtres ?

Le Symbole des Apôtres est une profession de foi en douze articles, qui nous vient des Apôtres.

Récitez le Symbole des Apôtres.

1. Je crois en Dieu, le Père tout-puissant, créateur du ciel et de la terre ;

2. Et en Jésus-Christ, son Fils unique, notre Seigneur ;

3. Qui a été conçu du Saint-Esprit, est né de la Vierge Marie ;

4. A souffert sous Ponce Pilate, a été crucifié, est mort, a été enseveli, est descendu aux enfers ;

5. Le troisième jour est ressuscité d'entre les morts;

6. Est monté aux cieux, est assis à la droite de Dieu le Père tout-puissant ;

7. D'où il viendra juger les vivants et les morts;

8. Je crois au Saint-Esprit ;

9. La sainte Église catholique, la communion des saints ;

10. La rémission des péchés ;

11. La résurrection de la chair ;

12. La vie éternelle. Ainsi soit-il.

N'y a-t-il pas une profession de foi plus abrégée que le Symbole des Apôtres?

Oui, il y a une profession de foi plus abrégée que le Symbole des Apôtres ; c'est le signe de la croix, qui nous rappelle les mystères de la sainte Trinité, de l'Incarnation et de la Rédemption.

Comment fait-on le signe de la croix?

On fait le signe de la croix en portant la main droite au front, puis à la poitrine, ensuite à l'épaule gauche, et enfin à l'épaule droite, en disant: *Au nom du Père, et du Fils, et du-Saint-Esprit. Ainsi soit-il.*

Faut-il faire souvent le signe de la croix?

Il faut faire le signe de la croix le matin en se levant, le soir en se couchant, avant et après le repas, avant le travail, et lorsqu'on se trouve en quelque danger ou tentation.

Pratiques : 1° Croire fermement tous les articles de foi contenus dans le Symbole des Apôtres. — 2° Le réciter avec une foi vive. — 3° Faire toujours avec attention et respect le signe de la croix.

G. LEDOUX

Dieu créateur.

LEÇON II

PREMIER ARTICLE DU SYMBOLE

Je crois en Dieu, le Père tout-puissant, créateur du ciel et de la terre.

§ I. — De la nature et des perfections de Dieu.

Quel est le premier article du Symbole?

Le premier article du Symbole est celui-ci : *Je crois en Dieu le Père tout-puissant, créateur du ciel et de la terre.*

Que voulez-vous dire par ces paroles : Je crois en Dieu ?

Par ces paroles : *Je crois en Dieu,* je veux dire que je suis certain qu'il y a un Dieu.

Comment êtes-vous certain qu'il y a un Dieu?

Je suis certain qu'il y a un Dieu, parce que Dieu

lui-même nous l'a révélé, et que le ciel et la terre proclament son existence.

Qu'est-ce que Dieu?

Dieu est un pur esprit, éternel, infiniment parfait, créateur du ciel et de la terre, et souverain Seigneur de toutes choses.

Pourquoi dites-vous que Dieu est un pur esprit?

Je dis que Dieu est un pur esprit parce qu'il n'a pas de corps, et qu'il ne peut être vu de nos yeux ni touché de nos mains.

Pourquoi dites-vous que Dieu est éternel?

Je dis que Dieu est éternel, parce qu'il n'a point eu de commencement et qu'il n'aura jamais de fin.

Qu'entendez-vous en disant que Dieu est infiniment parfait?

En disant que Dieu est infiniment parfait, j'entends que Dieu possède toutes les perfections, et que ces perfections n'ont point de bornes.

Où est Dieu?

Dieu est partout.

Dieu voit-il tout?

Oui, Dieu voit tout, le passé, le présent, l'avenir, et jusqu'à nos plus secrètes pensées.

Pourquoi donnez-vous à Dieu le nom de Père?

Je donne à Dieu le nom de Père, parce que de toute éternité Dieu engendra un Fils unique, qui est la seconde personne de la sainte Trinité.

Qu'entendez-vous en disant que Dieu est tout-puissant?

En disant que Dieu est tout-puissant, j'entends qu'il fait tout ce qu'il lui plaît, sans effort et par sa seule volonté.

Qu'entendez-vous en disant que Dieu est le créateur du ciel et de la terre?

En disant que Dieu est le créateur du ciel et de

la terre, j'entends que Dieu a fait de rien le ciel et la terre, et tout ce qu'ils renferment.

Pourquoi dites-vous que Dieu est le souverain Seigneur de toutes choses?

Je dis que Dieu est le souverain Seigneur de toutes choses, parce qu'il est le maître de tout, et que rien n'arrive en ce monde sans son ordre et sans sa permission.

Dieu prend-il soin de toutes les créatures?

Oui, Dieu prend soin de toutes les créatures; il les gouverne et les conserve par sa Providence.

Pratiques : 1° Penser souvent à Dieu dans la journée. — 2° Se rappeler, surtout dans les tentations, cette pensée : *Dieu me voit.* — 3° S'abandonner avec confiance à sa providence.

LEÇON III

SUITE DU PREMIER ARTICLE DU SYMBOLE

§ II. — Du mystère de la sainte Trinité.

Y a-t-il plusieurs Dieux?

Non, il n'y a qu'un seul Dieu, et il ne peut y en avoir qu'un, parce qu'il est infini.

Combien y a-t-il de personnes en Dieu?

Il y a trois personnes en Dieu : le Père, le Fils, et le Saint-Esprit.

Comment appelez-vous ces trois personnes ensemble?

J'appelle ces trois personnes ensemble la sainte Trinité, ou autrement un seul Dieu en trois personnes.

Le Père est-il Dieu?

Oui, le Père est Dieu.

Le Fils est-il Dieu?

Oui, le Fils est Dieu.

Le Saint-Esprit est-il Dieu?

Oui, le Saint-Esprit est Dieu.

Ces trois personnes sont-elles trois Dieux?

Non; ces trois personnes ne sont qu'un seul et même Dieu, parce qu'elles n'ont qu'une seule et même nature, une seule et même divinité.

Ces trois personnes sont-elles également parfaites?

Oui, le Père, le Fils, et le Saint-Esprit, sont tous trois égaux en toutes sortes de perfections.

Le Père est-il plus âgé que le Fils, et le Fils plus âgé que le Saint-Esprit?

Non; le Père, le Fils et le Saint-Esprit sont tous trois de toute éternité.

Comprenez-vous comment ces trois personnes ne font qu'un seul et même Dieu?

Non, c'est un mystère.

Qu'est-ce qu'un mystère?

Un mystère est une vérité que nous ne pouvons pas comprendre, mais que nous devons croire, parce qu'elle a été révélée par Dieu lui-même.

Qu'est-ce donc que le mystère de la sainte Trinité?

Le mystère de la sainte Trinité est le mystère de l'existence d'un seul Dieu en trois personnes égales et distinctes.

Pratiques : 1° Faire souvent des actes de foi sur le mystère de la sainte Trinité. — 2° Remercier Dieu le Père de nous avoir créés, Dieu le Fils de nous avoir rachetés, Dieu le Saint-Esprit de nous avoir sanctifiés.

LEÇON IV

SUITE DU PREMIER ARTICLE DU SYMBOLE

§ III. — Des Anges et de l'Homme.

Quelles sont les plus parfaites créatures de Dieu?

Les plus parfaites créatures de Dieu sont les Anges et les hommes.

Qu'est-ce que les Anges?

Les Anges sont de purs esprits, que Dieu a créés pour sa gloire et son service.

En quel état Dieu a-t-il créé les Anges?

Dieu a créé les Anges dans un état d'innocence et de sainteté.

Tous les Anges ont-ils persévéré dans cet état?

Non, il y a un grand nombre d'Anges qui ont péché en se révoltant contre Dieu : on les appelle les *mauvais Anges* ou les *démons*. Ceux qui ont persévéré dans le bien sont les *bons Anges*, qu'on appelle simplement les *Anges*.

A quoi s'occupent les démons?

Les démons s'occupent à tourmenter les réprouvés et à tenter les hommes.

Quelles sont les fonctions des bons Anges?

Les fonctions des bons Anges sont de louer Dieu et d'exécuter ses ordres.

Qu'est-ce que l'homme?

L'homme est une créature raisonnable, composée d'un corps et d'une âme.

Qu'est-ce que l'âme?

L'âme est un esprit immortel, créé à l'image de Dieu, et capable de le connaître, de l'aimer et de le posséder.

Pourquoi l'homme a-t-il été créé?

L'homme a été créé pour connaître Dieu, pour l'aimer, pour le servir, et par ce moyen arriver à la vie éternelle.

Comment Dieu a-t-il créé le premier homme?

Dieu a créé le premier homme en formant son corps avec un peu de terre, et en unissant à ce corps une âme faite à son image.

Quels sont le premier homme et la première femme que Dieu a créés?

Le premier homme et la première femme sont Adam et Ève, que nous appelons nos premiers parents.

Pratiques : 1° Honorer et prier chaque jour les saints Anges, et particulièrement notre Ange gardien. — 2° Respecter toujours dans notre âme l'image de Dieu, et pour cela éviter avec le plus grand soin toute sorte de péché.

LEÇON V

SUITE DU PREMIER ARTICLE DU SYMBOLE

§ IV. — De la chute de l'homme et de la promesse d'un Sauveur.

Dans quel état Dieu créa-t-il Adam et Ève?

Dieu créa Adam et Ève dans un état d'innocence et de justice, où ils n'étaient sujets ni à la souffrance ni à la mort.

Où Dieu plaça-t-il Adam et Ève?

Dieu plaça Adam et Ève dans un jardin délicieux, qu'on appelle le paradis terrestre.

Adam et Ève conservèrent-ils longtemps l'innocence et le bonheur?

Non, Adam et Ève désobéirent à Dieu en mangeant du fruit auquel il leur avait défendu de toucher.

Pourquoi Dieu avait-il défendu à Adam et Ève de manger de ce fruit?

Dieu avait défendu à Adam et Ève de manger de ce fruit pour leur faire comprendre qu'il était leur souverain maître et pour éprouver leur obéissance.

Qui engagea nos premiers parents à désobéir à Dieu?

Ce fut le démon, caché sous la forme d'un serpent, qui engagea nos premiers parents à désobéir à Dieu.

Comment nos premiers parents furent-ils punis de leur désobéissance?

Nos premiers parents furent chassés du paradis terrestre, condamnés à la mort éternelle et à toutes les misères de l'âme et du corps.

Le péché d'Adam a-t-il passé à ses descendants?

Oui, le péché d'Adam a passé à ses descendants, en sorte qu'ils naissent tous dans l'état de péché. Seule, la sainte Vierge en a été préservée par un privilège spécial.

Comment appelle-t-on ce péché qui nous vient d'Adam, notre premier père?

Le péché qui nous vient d'Adam, notre premier père, s'appelle le péché originel.

Comment appelle-t-on le privilège par lequel la sainte Vierge a été exempte du péché originel?

Le privilège par lequel la sainte Vierge a été exempte du péché originel s'appelle l'Immaculée Conception.

Dieu abandonna-t-il l'homme après son péché?

Non, Dieu n'abandonna pas l'homme après son péché; il en eut pitié, et il lui promit un Sauveur.

Quel est ce Sauveur promis à l'homme après son péché ?

Le Sauveur promis à l'homme après son péché, c'est Notre-Seigneur Jésus-Christ, qu'on appelle le Messie.

Le Messie vint-il au monde aussitôt après le péché du premier homme?

Non, le Messie n'arriva qu'environ quatre mille ans après le péché du premier homme.

Pratiques : 1° Concevoir une vive horreur du péché, dont les suites ont été si funestes. — 2° Obéir à tous nos supérieurs, qui nous commandent au nom de Dieu, et ne mépriser aucun de leurs ordres.

LEÇON VI

SUITE DU PREMIER ARTICLE DU SYMBOLE

§ V. — Du temps qui s'est écoulé depuis la promesse d'un Sauveur jusqu'à la venue du Messie.

I. — Les Patriarches et le Peuple de Dieu.

Les descendants d'Adam et d'Ève furent-ils fidèles à Dieu?

Non, les descendants d'Adam et d'Ève ne furent pas fidèles à Dieu; ils se laissèrent aller à de graves désordres.

Comment Dieu les punit-il?

Dieu les punit en les faisant tous périr, sauf Noé et sa famille, dans un déluge universel.

Pourquoi Noé et sa famille furent-ils épargnés?

Noé et sa famille furent épargnés parce qu'ils étaient restés fidèles à Dieu.

Les descendants de Noé profitèrent-ils de cet exemple pour rester fidèles au Seigneur?

Non, les descendants de Noé ne restèrent pas longtemps fidèles; c'est pourquoi le Seigneur sépara d'entre les hommes une famille dans laquelle devait naître le Sauveur promis à Adam.

Quel fut le chef de cette famille et du peuple auquel elle donna naissance?

Le chef de cette famille et de ce peuple fut Abraham, le père des croyants, avec qui Dieu conclut une alliance.

Citez-nous les premiers descendants d'Abraham?

Abraham eut pour fils Isaac. Isaac eut deux fils, Esaü et Jacob; et Jacob eut douze fils, qui furent les chefs des douze tribus du peuple de Dieu.

Quel fut le plus illustre des fils de Jacob?

Les plus illustre des fils de Jacob fut Joseph, qui, après avoir été vendu par ses frères, devint intendant de Pharaon, roi d'Égypte.

Jacob, son père, et ses frères le rejoignirent-ils en Égypte?

Une famine ayant désolé le pays de Chanaan, les frères de Joseph furent obligés, pour avoir du froment, d'aller en Égypte et de s'adresser à leur frère qu'ils ne connaissaient pas.

Que fit Joseph en reconnaissant ses frères?

Joseph, en reconnaissant ses frères, leur ordonna de lui amener Jacob, leur père; puis il les établit dans le pays et les protégea beaucoup.

Les Juifs furent-ils toujours heureux en Égypte?

Non, les Juifs eurent beaucoup à souffrir en Égypte, lorsque les rois de ce pays ne se souvinrent plus des services que Joseph avait rendus à leurs ancêtres.

Pratiques : Considérer que nous sommes, comme les

Juifs, le peuple privilégié de Dieu, et qu'à ce titre nous devons toujours lui rester fidèles.

LEÇON VII

SUITE DU PREMIER ARTICLE DU SYMBOLE

§ VI. — Du temps qui s'est écoulé depuis la promesse d'un Sauveur jusqu'à la venue du Messie. (Suite.)

II. — Les lois de Moïse. — Le gouvernement des Juges et des Rois.

Les descendants d'Abraham ne revinrent-ils pas dans le pays habité par leurs pères ?

Les descendants d'Abraham furent ramenés dans le pays de Chanaan par Moïse, grand prophète de Dieu, qui les tira miraculeusement de leur servitude et leur donna des lois de la part du Seigneur.

Qu'étaient-ce que les lois de Moïse ?

Les lois de Moïse étaient des lois religieuses et civiles.

Quel a été le résultat des lois de Moïse ?

Les lois de Moïse ont préservé le peuple juif de l'idolâtrie qui régnait sur toute la terre, et ont conservé la promesse du Rédempteur à venir.

Comment se nommèrent ceux qui, après Moïse, gouvernèrent le peuple de Dieu ?

Ceux qui, après Moïse, gouvernèrent le peuple de Dieu, portèrent le nom de Juges.

Le gouvernement des Juifs fut-il toujours le même ?

Non, le gouvernement des Juifs ne fut pas toujours le même. Fatigués d'avoir des juges, ils voulurent des rois, et Dieu consentit à leur en donner.

Quels furent les principaux rois du peuple de Dieu ?

Les principaux rois qui gouvernèrent le peuple de Dieu furent : Saül, qui fut ensuite rejeté de Dieu à cause de sa désobéissance ; David, homme selon le cœur de Dieu, auteur de la plupart des psaumes, qui répara ses fautes par un admirable repentir ; Salomon, son fils, célèbre par sa sagesse ; et Roboam, son petit-fils, sous lequel le peuple juif se sépara en deux royaumes.

Quel fut le principal de ces deux royaumes ?

Le principal de ces deux royaumes fut celui de Juda, dans lequel devait naître le Sauveur du monde.

Quelle fut la conduite du peuple juif sous le gouvernement de ses rois ?

Sous le gouvernement de ses rois, le peuple juif abandonna souvent le culte du vrai Dieu, et il en fut puni par des guerres ou par la captivité.

Dieu abandonnait-il le peuple juif quand il se montrait infidèle à sa loi ?

Au lieu d'abandonner le peuple juif quand il se montrait infidèle à sa loi, Dieu suscitait des prophètes qui tâchaient de le ramener par leurs exhortations et par leurs promesses.

Pratiques : 1° Remercier Dieu de nous avoir donné des lois comme au peuple juif, pour nous faire persévérer dans son service. — 2° Nous bien persuader que, même au milieu de nos plus grands égarements, Dieu ne nous abandonne jamais. — 3° Revenir à lui avec confiance lorsqu'on a eu le malheur de s'en éloigner.

LEÇON VIII

SUITE DU PREMIER ARTICLE DU SYMBOLE

§ VII. — Du temps qui s'est écoulé depuis la promesse d'un Sauveur jusqu'à la venue du Messie. (Suite.)

III. — Les Prophètes.

Qu'étaient-ce que les Prophètes?

Les Prophètes étaient des hommes que Dieu chargeait d'instruire, de reprendre et de consoler son peuple.

Les Prophètes n'annonçaient-ils pas aussi des choses futures?

Oui, les Prophètes, par l'inspiration du Saint-Esprit, annonçaient aussi des choses futures. Ils étaient surtout chargés de prédire les circonstances qui se rattachaient à la venue du Messie.

Leurs prédictions relatives au Messie se sont-elles exactement réalisées?

Oui, leurs prédictions relatives au Messie se sont exactement réalisées, et ces prophéties forment une preuve évidente de la divinité de la religion.

Combien y a-t-il de Prophètes dans l'ancienne loi?

Il y a dans l'ancienne loi seize prophètes principaux : quatre grands Prophètes, ainsi nommés à cause de l'étendue de leurs ouvrages et de l'importance de leurs prédictions, et douze petits Prophètes.

Quels sont les quatre grands Prophètes?

Les quatre grands Prophètes sont : Isaïe, Jérémie, Ézéchiel et Daniel.

Comment se termina l'histoire du peuple juif?

Le peuple juif fut privé de ses rois, soumis aux Grecs et enfin aux Romains, qui le gouvernaient lorsque le Messie promis vint au monde, dans les lieux, les temps et les circonstances marqués par les Prophètes.

Pratiques : Être pénétré d'un grand respect pour les livres de l'Ancien Testament, qui contiennent l'histoire du peuple juif et toutes les prédictions relatives à la venue du Messie.

Naissance de Notre-Seigneur Jésus-Christ.

LEÇON IX

IIe ET IIIe ARTICLES DU SYMBOLE

Je crois... en Jésus-Christ, son Fils unique, notre Seigneur, qui a été conçu du Saint-Esprit, est né de la Vierge Marie.

I. — Du mystère de l'Incarnation.

Quel est le mystère renfermé dans le deuxième et le troisième article du Symbole ?

Le mystère renfermé dans le deuxième et le troisième article du Symbole est le mystère de l'Incarnation.

Qu'est-ce que le mystère de l'Incarnation ?

Le mystère de l'Incarnation est le mystère du Fils de Dieu fait homme.

Qu'entendez-vous en disant que le Fils de Dieu s'est fait homme ?

En disant que le Fils de Dieu s'est fait homme,

j'entends qu'il a pris un corps et une âme semblables aux nôtres dans le sein de la bienheureuse Vierge Marie.

Le Père et le Saint-Esprit n'ont-ils pas aussi pris un corps et une âme, et ne se sont-ils pas faits hommes ?

Non, il n'y a que le Fils.

Comment s'est accompli le mystère de l'Incarnation ?

Le mystère de l'Incarnation s'est accompli par l'opération du Saint-Esprit, c'est-à-dire par un miracle de la toute-puissance de Dieu.

Quand le Fils de Dieu s'est fait homme, a-t-il cessé d'être Dieu ?

Non, il est Dieu et homme tout ensemble.

Comment s'appelle le Fils de Dieu fait homme ?

Le Fils de Dieu fait homme s'appelle Jésus-Christ.

Combien y a-t-il de natures en Jésus-Christ ?

Il y a deux natures en Jésus-Christ : la nature divine et la nature humaine.

Combien y a-t-il de personnes en Jésus-Christ ?

Il n'y a qu'une seule personne en Jésus-Christ, savoir : la seconde personne de la sainte Trinité.

La sainte Vierge est-elle véritablement mère de Dieu ?

Oui, la sainte Vierge est véritablement mère de Dieu, puisqu'elle est la mère de Jésus-Christ qui est Dieu.

Pourquoi la mère de Jésus-Christ est-elle appelée la sainte Vierge ?

La mère de Jésus-Christ est appelée la sainte Vierge parce qu'elle a toujours été vierge, et la plus pure, la plus sainte de toutes les vierges.

Qu'était saint Joseph?

Saint Joseph était le chaste époux de la sainte Vierge, le gardien et le nourricier de Notre-Seigneur Jésus-Christ.

Pratique : Honorer le mystère de l'Incarnation, en récitant avec dévotion la prière appelée l'*Angelus*, lorsqu'on sonne le matin, à midi et le soir, pour en avertir les fidèles.

LEÇON X

SUITE DES IIe ET IIIe ARTICLES DU SYMBOLE

§ II. — De la vie de Notre-Seigneur Jésus-Christ.

Qu'est-ce que Notre-Seigneur Jésus-Christ?

Notre-Seigneur Jésus-Christ est le Fils de Dieu fait homme.

Quel jour Notre-Seigneur Jésus-Christ a-t-il été conçu dans le sein de la très sainte Vierge Marie?

Notre-Seigneur Jésus-Christ a été conçu dans le sein de la très sainte Vierge Marie le vingt-cinquième jour du mois de mars, qui est le jour de l'Annonciation.

Quel jour Notre-Seigneur Jésus-Christ est-il né?

Notre-Seigneur Jésus-Christ est né à minuit, le 25 décembre, que nous appelons le jour de Noël.

Où est né Notre-Seigneur Jésus-Christ?

Notre-Seigneur Jésus-Christ est né à Bethléhem, petite ville de Judée, dans une pauvre étable.

Quel jour Notre-Seigneur Jésus-Christ fut-il circoncis et appelé Jésus?

Notre-Seigneur Jésus-Christ fut circoncis et appelé Jésus le premier jour de l'an, qu'on appelle la fête de la Circoncision.

Pourquoi Notre-Seigneur a-t-il été appelé JÉSUS ?

Notre-Seigneur a été appelé JÉSUS parce que Jésus signifie SAUVEUR, et qu'il venait au monde pour sauver tous les hommes.

Pourquoi Notre-Seigneur a-t-il été aussi appelé CHRIST?

Notre-Seigneur a été appelé CHRIST parce que CHRIST veut dire *oint* et *sacré*, comme le sont ordinairement les prêtres et les rois ; et que Jésus, notre Sauveur, est prêtre et roi par excellence.

Quel jour Notre-Seigneur Jésus-Christ a-t-il été adoré des rois Mages ?

Notre-Seigneur Jésus-Christ a été adoré des rois Mages le sixième jour de janvier, qu'on appelle la fête des Rois ou de l'Épiphanie.

Quel jour Notre-Seigneur Jésus-Christ fut-il présenté à Dieu dans le temple ?

Notre-Seigneur Jésus-Christ fut présenté à Dieu dans le temple le jour de la Purification de la sainte Vierge, qui est le second jour de février.

A quel âge Notre-Seigneur Jésus-Christ fut-il baptisé ?

Notre-Seigneur Jésus-Christ fut baptisé à l'âge de trente ans, par saint Jean-Baptiste, dans le fleuve du Jourdain.

Que faisait Notre-Seigneur Jésus-Christ jusqu'à l'âge de trente ans ?

Jusqu'à l'âge de trente ans, Notre-Seigneur Jésus-Christ obéissait en toutes choses à la sainte Vierge et à saint Joseph ; et il nous enseignait par ses exemples à vivre dans le travail, l'humilité, la pauvreté et l'éloignement des plaisirs.

Que fit Notre-Seigneur Jésus-Christ après son baptême?

Après son baptême, Notre-Seigneur Jésus-Christ se retira dans le désert pour y jeûner pendant quarante jours; il choisit ensuite ses douze Apôtres, et il commença à prêcher l'Évangile.

Que veut dire le mot Évangile?

Évangile veut dire bonne nouvelle.

Quelle bonne nouvelle annonçait Jésus-Christ?

Jésus-Christ annonçait qu'il était le Fils de Dieu, le Messie ou le Sauveur attendu depuis le commencement du monde.

Comment Jésus-Christ a-t-il prouvé qu'il était le Fils de Dieu?

Jésus-Christ a prouvé qu'il était véritablement le Fils de Dieu et Dieu lui-même en faisant de nombreux miracles, en accomplissant les prophéties et en enseignant toutes les vertus par ses paroles comme par ses exemples.

Pratiques : 1° S'incliner avec respect quand on entend prononcer le saint Nom de Jésus. — 2° Imiter les vertus de Notre-Seigneur Jésus-Christ, et en particulier son obéissance, sa douceur et son humilité.

Jésus meurt sur la croix.

LEÇON XI

IVe ARTICLE DU SYMBOLE

Je crois en Jésus-Christ... qui a souffert sous Ponce Pilate, a été crucifié, est mort, a été enseveli.

Du mystère de la Rédemption.

Quel est le mystère renfermé dans le quatrième article du Symbole?

Le mystère renfermé dans le quatrième article du Symbole est le mystère de la Rédemption.

Qu'est-ce que le mystère de la Rédemption?

Le mystère de la Rédemption est le mystère de Jésus-Christ mort sur la croix pour racheter les hommes.

Comment s'est accompli ce mystère?

Jésus-Christ, après son agonie au jardin des

Oliviers, fut trahi par Judas, renié par saint Pierre, abandonné par ses autres Apôtres, chargé d'opprobres, flagellé, couronné d'épines et attaché à la croix sur laquelle il est mort.

Puisque Jésus-Christ est Dieu, comment a-t-il pu mourir ?

Jésus-Christ n'est pas mort comme Dieu, mais il est mort comme homme, son âme ayant été séparée de son corps.

La divinité de Jésus-Christ fut-elle séparée de son âme et de son corps ?

Non, la divinité de Jésus-Christ a toujours été unie à son âme et à son corps, même après sa mort.

Quel jour Jésus-Christ est-il mort ?

Jésus-Christ est mort le vendredi saint, vers trois heures de l'après-midi.

Comment Jésus-Christ nous a-t-il rachetés ?

Jésus-Christ nous a rachetés en souffrant la mort pour nous, comme homme, et en donnant, comme Dieu, un prix infini à ses souffrances et à sa mort.

Que devint le corps de Jésus-Christ après sa mort ?

Le corps de Jésus-Christ, après sa mort, fut détaché de la croix et mis dans le tombeau.

Pratiques : 1° Unir nos souffrances à celles de Jésus-Christ sur la croix. — 2° Avoir sur soi une petite croix en l'honneur de la passion et de la mort de Notre-Seigneur. — 3° Faire avec dévotion le Chemin de la Croix.

Jésus ressuscite par sa propre puissance.

LEÇON XII

Ve ARTICLE DU SYMBOLE

Je crois en Jésus-Christ... qui est descendu aux enfers; le troisième jour est ressuscité d'entre les morts.

De la descente de Jésus-Christ aux enfers et de sa Résurrection.

Que veulent dire ces paroles : Est descendu aux enfers ?

Ces paroles : *Est descendu aux enfers*, veulent dire que l'âme de Jésus-Christ, pendant qu'elle était séparée de son corps, alla visiter les âmes des justes dans les limbes, où elles attendaient sa venue.

Pourquoi les âmes des justes reposaient-elles dans les limbes?

Les âmes des justes reposaient dans les limbes

parce que l'entrée du ciel était fermée aux hommes depuis le péché d'Adam, et ne pouvait leur être ouverte que par Jésus-Christ.

Quel jour Notre-Seigneur Jésus-Christ est-il ressuscité ?

Notre-Seigneur Jésus-Christ est ressuscité le jour de Pâques, de grand matin, le troisième jour après sa mort.

Que veut dire : Notre-Seigneur Jésus-Christ est ressuscité ?

Cela veut dire que l'âme de Jésus-Christ a été réunie à son corps glorieux, et qu'il a repris une nouvelle vie.

Que fit Notre-Seigneur Jésus-Christ après sa résurrection ?

Après sa résurrection, Notre-Seigneur Jésus-Christ demeura quarante jours sur la terre, afin de prouver qu'il était véritablement ressuscité, et pour achever d'instruire les hommes.

Pratiques : 1° Célébrer la fête de Pâques avec une grande dévotion. — 2° Mériter par une vie sainte de ressusciter glorieusement un jour avec Notre-Seigneur Jésus-Christ.

Jésus monte au ciel en présence de ses disciples.

LEÇON XIII

VIe ET VIIe ARTICLES DU SYMBOLE

Je crois en Jésus-Christ... qui est monté aux cieux, est assis à la droite de Dieu le Père tout-puissant; d'où il viendra juger les vivants et les morts.

De l'Ascension de Jésus-Christ et du Jugement dernier.

Que signifient ces paroles : Est monté aux cieux?

Ces paroles : *Est monté aux cieux,* signifient que le quarantième jour après sa résurrection Jésus-Christ s'est élevé au ciel par sa propre puissance, en présence de ses disciples.

Qu'entendez-vous par ces paroles : Est assis à la droite de Dieu, le Père tout-puissant?

Par ces paroles : *Est assis à la droite de Dieu,*

le Père tout-puissant, j'entends que Jésus-Christ en tant que Dieu, a, dans le ciel, la même puissance que son Père, et qu'il est, comme homme, au-dessus des Anges et des Saints.

Où est maintenant Notre-Seigneur Jésus-Christ?

Notre-Seigneur Jésus-Christ, comme Dieu, est partout; comme Homme-Dieu, il est au ciel et au saint Sacrement de l'autel.

Que signifient ces paroles : D'où il viendra juger les vivants et les morts ?

Ces paroles signifient qu'à la fin du monde Jésus-Christ descendra visiblement du ciel, avec une grande majesté, pour juger tous les hommes, et rendre à chacun selon ses œuvres.

Comment s'appelle le jugement qui aura lieu à la fin du monde ?

Le jugement qui aura lieu à la fin du monde s'appelle le jugement général ou le jugement dernier.

Pratiques : 1° Entretenir en nous un ardent désir du ciel. — 2° Nous rappeler souvent que nous serons jugés sur toutes nos actions et sur la manière dont nous les aurons faites.

Le Saint-Esprit descend sur les Apôtres.

LEÇON XIV

VIIIe ARTICLE DU SYMBOLE

Je crois au Saint-Esprit.

Du Saint-Esprit.

Qu'est-ce que le Saint-Esprit ?

Le Saint-Esprit est la troisième personne de la sainte Trinité, qui procède du Père et du Fils.

Le Saint-Esprit est-il descendu visiblement sur la terre ?

Le Saint-Esprit descendit visiblement sur la terre, le jour du baptême de Notre-Seigneur, sous la figure d'une colombe; il descendit aussi sur les Apôtres en forme de langues de feu, le jour de la Pentecôte.

Le Saint-Esprit ne se communique-t-il pas aussi à nous ?

Oui, le Saint-Esprit se communique invisiblement à chacun de nous par la grâce, principalement dans le sacrement de Confirmation.

Où est le Saint-Esprit ?

Le Saint-Esprit est partout, puisqu'il est Dieu, mais il habite plus particulièrement dans l'âme des justes.

Devons-nous prier souvent le Saint-Esprit ?

Oui, nous devons prier souvent le Saint-Esprit, parce que sans son secours nous ne pouvons rien faire pour notre salut.

Pratiques : 1° Invoquer souvent le Saint-Esprit, surtout au commencement de nos actions principales. — 2° Ne jamais résister aux inspirations du Saint-Esprit.

LEÇON XV

IXe ET Xe ARTICLES DU SYMBOLE

Je crois la sainte Église catholique, la communion des Saints, la rémission des péchés.

§ I. — De l'Église.

Qu'est-ce que l'Église ?

L'Église est la société des fidèles qui professent la véritable religion de Jésus-Christ sous l'autorité des pasteurs légitimes, et ne forment qu'un seul corps, dont Jésus-Christ est le chef invisible et le Pape le chef visible.

Comment Jésus-Christ est-il le chef invisible de l'Église ?

Jésus-Christ est le chef invisible de l'Église parce qu'il l'a fondée, qu'il la dirige par son Esprit, la soutient par sa puissance et la gouverne par les pasteurs légitimes.

Quels sont les pasteurs légitimes de l'Église?

Les pasteurs légitimes de l'Église sont le Pape et les Évêques, auxquels Jésus-Christ a donné le pouvoir d'enseigner et de gouverner les fidèles.

Qu'est-ce que le Pape?

Le Pape est le Vicaire de Jésus-Christ, le successeur de saint Pierre, et le Père commun des pasteurs et des fidèles.

Qu'est-ce que les Évêques?

Les Évêques sont les successeurs des Apôtres, chargés du gouvernement spirituel des diocèses, sous l'autorité du Pape.

Les Évêques n'ont-ils pas des coopérateurs?

Oui, les Évêques ont des coopérateurs : ce sont les prêtres, et particulièrement les curés, placés par les Évêques à la tête des paroisses.

Quand est-ce que Jésus-Christ a établi les Apôtres et leurs successeurs premiers pasteurs de l'Église?

Jésus-Christ a établi les Apôtres et leurs successeurs premiers pasteurs de l'Église quand il leur a dit : « Allez, enseignez toutes les nations; baptisez-les au nom du Père, et du Fils et du Saint-Esprit... Voici que je suis avec vous tous les jours, jusqu'à la consommation des siècles. »

Comment s'appelle le corps des premiers pasteurs?

Le corps des premiers pasteurs s'appelle l'Église enseignante, pour la distinguer des simples fidèles, qui sont l'Église enseignée.

Pratiques : 1° S'attacher plus que jamais, avec amour et dévouement, au Souverain Pontife, chef de l'Église. — 2° Parler toujours avec respect des Évêques et observer fidèlement leurs ordonnances.

Le Pape et les Évêques réunis proclament le dogme de l'infaillibilité.

LEÇON XVI

SUITE DES IXe ET Xe ARTICLES DU SYMBOLE

§ II. — De l'enseignement de l'Église.

Qu'est-ce que l'Église enseigne aux fidèles?

L'Église enseigne aux fidèles les mêmes vérités que Jésus-Christ a enseignées aux Apôtres.

Où sont renfermées les vérités que Jésus-Christ a enseignées aux Apôtres?

Les vérités que Jésus-Christ a enseignées aux Apôtres sont renfermées dans l'Écriture sainte et dans la tradition.

Qu'est-ce que l'Écriture sainte?

L'Écriture sainte est la parole de Dieu écrite dans les livres inspirés par le Saint-Esprit, et qu'on appelle l'Ancien et le Nouveau Testament.

Qu'est-ce que la tradition?

La tradition est la parole de Dieu qui n'est pas écrite dans les livres inspirés, mais qui est venue des Apôtres jusqu'à nous par l'enseignement des pasteurs et des docteurs.

Comment l'Église enseigne t-elle les vérités renfermées dans l'Écriture sainte et dans la tradition?

L'Église enseigne les vérités renfermées dans l'Écriture sainte et dans la tradition par le Souverain Pontife et par le ministère des Évêques dispersés dans l'univers ou réunis en concile.

Qu'est-ce qu'un concile?

Un concile est une assemblée d'Évêques légitimement réunis pour traiter de la foi, de la morale et de la discipline.

Combien y a-t-il de sortes de conciles?

Il y a deux sortes de conciles, les conciles généraux, qui représentent l'Église universelle, et les conciles particuliers, qui ne représentent qu'une partie de l'Église.

L'Église peut-elle se tromper dans son enseignement?

Non, l'Église est infaillible. Elle ne peut se tromper dans son enseignement parce qu'elle est assistée par le Saint-Esprit, selon la promesse de Jésus-Christ.

Le Pape est-il infaillible?

Oui, le Pape est infaillible.

Qu'entendez-vous quand vous dites que le Pape est infaillible?

Quand je dis que le Pape est infaillible, j'entends qu'en vertu de l'assistance divine, promise par Jésus-Christ à saint Pierre et à ses successeurs, il ne peut pas se tromper, lorsqu'il nous enseigne, comme pasteur et docteur de l'Église universelle, ce que nous devons croire et pratiquer.

Les fidèles sont-ils obligés de croire à l'Église et de lui obéir?

Oui, les fidèles sont obligés de croire à l'Église et de lui obéir, puisque Jésus-Christ a dit aux Apôtres et à leurs successeurs : « Celui qui vous écoute m'écoute; et celui qui vous méprise me méprise. »

Pratiques : 1° Accepter avec docilité les enseignements de l'Église. — 2° Respecter toutes ses décisions. — 3° Ne jamais lire les livres qui attaquent la religion.

LEÇON XVII

SUITE DES IXe ET Xe ARTICLES DU SYMBOLE

§ III. — Des caractères de l'Église.

Jésus-Christ a-t-il établi plusieurs Églises?

Non, Jésus-Christ n'a établi qu'une seule Église, hors de laquelle il n'y a point de salut.

Quelles sont les marques de la véritable Église?

Il y a quatre marques de la véritable Église : elle est une, sainte, catholique et apostolique.

Pourquoi dites-vous que l'Église est une?

Je dis que l'Église est une, parce que les fidèles qui la composent professent partout une même foi, participent aux mêmes sacrements, et obéissent aux mêmes pasteurs.

Pourquoi dites-vous que l'Église est sainte?

Je dis que l'Église est sainte, parce que Jésus-Christ, qui l'a établie, est la sainteté même; que ses doctrines et ses sacrements sont saints, et que tous ses membres sont appelés à devenir des saints.

Pourquoi dites-vous que l'Église est catholique?

Je dis que l'Église est catholique, c'est-à-dire universelle, parce qu'elle embrasse tous les temps et tous les lieux.

Pourquoi dites-vous que l'Église est apostolique?

Je dis que l'Église est apostolique, parce qu'elle a eu pour premiers chefs les Apôtres; qu'elle a été constamment gouvernée par les successeurs des Apôtres, et qu'elle croit et enseigne la doctrine des Apôtres.

Pourquoi l'Église catholique est-elle appelée Église romaine?

L'Église catholique est appelée Église romaine, parce qu'elle reconnaît pour son chef visible notre saint-père le Pape, qui est Évêque de Rome.

Pratiques : 1° Aimer l'Église catholique comme une mère. — 2° Prier chaque jour pour tous ses besoins.

LEÇON XVIII

SUITE DES IX° ET X° ARTICLES DU SYMBOLE

§ IV. — Des membres de l'Église.

De combien de manières peut-on être membre de l'Église?

On peut être membre de l'Église de deux manières, en appartenant à son corps et en appartenant à son âme.

Qu'est-ce qu'appartenir au corps de l'Église?

Appartenir au corps de l'Église, c'est avoir été baptisé et être soumis aux pasteurs légitimes de l'Église.

Qu'est-ce qu'appartenir à l'âme de l'Église?

Appartenir à l'âme de l'Église, c'est être en

état de grâce, c'est-à-dire être exempt de péché mortel.

Quels sont ceux qui n'appartiennent pas au corps de l'Église?

Ceux qui n'appartiennent pas au corps de l'Église sont : les infidèles, les hérétiques, les schismatiques, les apostats et les excommuniés.

Qu'est-ce qu'un infidèle?

Un infidèle est celui qui n'est pas baptisé et qui ne croit pas en Jésus-Christ.

Qu'est-ce qu'un hérétique?

Un hérétique est celui qui, étant baptisé, refuse opiniâtrément de croire une vérité révélée de Dieu et enseignée par l'Église comme article de foi.

Qu'est-ce qu'un schismatique?

Un schismatique est celui qui, étant baptisé, se sépare de l'Église en refusant de reconnaître ses Pasteurs légitimes et de leur obéir.

Qu'est-ce qu'un apostat?

Un apostat est celui qui renie la foi de Jésus-Christ, après en avoir fait profession.

Qu'est-ce qu'un excommunié?

Un excommunié est un chrétien que l'Église a retranché de son sein pour le punir de quelque grande faute.

Quels sont ceux qui n'appartiennent pas à l'âme de l'Église?

Ceux qui n'appartiennent pas à l'âme de l'Église sont tous les hommes qui se trouvent en état de péché mortel.

Les infidèles peuvent-ils appartenir à l'âme de l'Église?

Oui, les infidèles peuvent appartenir à l'âme de l'Église, si, n'ayant pu connaître la véritable Église, ils ont obtenu la grâce sanctifiante en servant

Dieu selon les lumières et les grâces qu'ils ont reçues.

Que signifient ces paroles : Hors de l'Église, point de salut?

Ces paroles : *Hors de l'Église, point de salut,* signifient qu'on ne peut être sauvé si l'on n'appartient au moins à l'âme de l'Église.

Ceux qui, par leur faute, n'appartiennent pas au corps de l'Église, peuvent-ils être sauvés?

Non, ceux qui, par leur faute, n'appartiennent pas au corps de l'Église, ne peuvent pas être sauvés.

Pratiques : 1° Remercier Dieu de nous avoir fait naître dans le sein de la véritable Église. — 2° Conserver soigneusement l'état de grâce, sans lequel nous ne pourrions appartenir à l'âme de l'Église.

Jésus donne à ses Apôtres le pouvoir de remettre les péchés.

LEÇON XIX

SUITE DES IXe ET Xe ARTICLES DU SYMBOLE

§ V. — De la communion des Saints et de la rémission des péchés.

Qu'entendez-vous par la communion des Saints?

J'entends par la communion des Saints que les biens spirituels de l'Église sont communs entre les fidèles, et que nous participons aux prières et aux bonnes œuvres les uns des autres.

Quels sont les biens spirituels de l'Église?

Les biens spirituels de l'Église sont les mérites de Jésus-Christ, de la sainte Vierge et des Saints, les sacrements, le saint sacrifice de la Messe, les prières et les bonnes œuvres.

La communion des Saints s'étend-elle jusqu'au ciel et au purgatoire?

Oui, les Saints qui sont dans le ciel peuvent nous aider par leurs prières, et nous pouvons aider les âmes du purgatoire par les nôtres.

Qu'entendez-vous par la rémission des péchés?

J'entends par la rémission des péchés que Jésus-Christ a donné à son Église le pouvoir de remettre les péchés.

Par quels moyens l'Église remet-elle les péchés?

L'Église remet les péchés principalement par les sacrements de Baptême et de Pénitence.

Pratiques : 1° Invoquer avec confiance les Saints qui sont dans le ciel. — 2° Prier pour la conversion des pécheurs et pour le soulagement des âmes du purgatoire. — 3° S'unir souvent de cœur et d'esprit au saint sacrifice, qui s'offre à toute heure, et aux bonnes œuvres qui se font sur la terre.

Résurrection générale.

LEÇON XX

XIe ET XIIe ARTICLES DU SYMBOLE

Je crois la résurrection de la chair et la vie éternelle.

Des fins dernières de l'homme.

Que nous font connaître ces deux derniers articles du Symbole ?

Ces deux derniers articles du Symbole nous font connaître les fins dernières de l'homme.

Quelle sont les fins dernières de l'homme?

Les fins dernières de l'homme sont : la mort, le jugement, le ciel ou l'enfer.

Qu'est-ce que la mort?

La mort est la séparation de l'âme et du corps.

Que devient le corps après la mort?

Après la mort, le corps se corrompt et tombe en poussière; mais il ressuscitera à la fin du monde.

Pourquoi le corps ressuscitera-t-il?

Le corps ressuscitera afin que l'homme soit puni ou récompensé tout entier, dans son corps aussi bien que dans son âme; parce que l'un et l'autre ont pris part à ses bonnes et à ses mauvaises actions.

Que devient notre âme après la mort?

Aussitôt après la mort, notre âme paraît devant Dieu pour être jugée sur ses bonnes ou ses mauvaises actions; c'est ce qu'on appelle le jugement particulier.

Où va notre âme après le jugement particulier?

Notre âme, après le jugement particulier, va au ciel, ou en enfer, ou en purgatoire, selon qu'elle l'a mérité.

Les hommes n'auront-ils à subir que ce jugement particulier?

Les hommes auront encore à subir le jugement général, à la fin du monde.

A quoi servira le jugement général?

Le jugement général servira à manifester la justice de Dieu et à faire connaître les vertus des bons et les crimes des méchants, pour la gloire des uns et la confusion éternelle des autres.

Qu'est-ce que le ciel?

Le ciel, qu'on appelle aussi le paradis, est un lieu de délices où les Anges et les Saints jouissent d'un bonheur éternel et parfait, par la vue et la possession de Dieu.

Qui sont ceux qui vont au ciel?

Ceux qui vont au ciel sont ceux qui meurent en état de grâce et qui ont entièrement satisfait à la justice de Dieu.

Qu'est-ce que l'enfer?

L'enfer est un lieu de tourments, où les damnés

sont pour toujours séparés de Dieu, et souffrent avec les démons des supplices qui ne finiront jamais.

Qui sont ceux qui vont en enfer?

Ceux qui vont en enfer sont ceux qui meurent en état de péché mortel.

Qu'est-ce que le purgatoire?

Le purgatoire est un lieu de souffrance où les âmes des justes achèvent d'expier leurs péchés avant d'entrer dans le ciel.

Qui sont ceux qui vont en purgatoire?

Ceux qui vont en purgatoire sont ceux qui meurent en état de grâce, mais qui ne sont pas exempts de tout péché véniel, ou n'ont pas entièrement satisfait à la justice de Dieu.

Pratiques : 1° Penser souvent à la mort et à ses suites. — 2° Quand on est découragé, ranimer sa confiance en se rappelant la pensée du ciel. — 3° Quand on est tenté, penser aux supplices de l'enfer.

Dieu donne sa loi à Moïse sur le mont Sinaï.

DEUXIÈME PARTIE

DES

DEVOIRS QUE NOUS DEVONS PRATIQUER

LEÇON PREMIÈRE

DES COMMANDEMENTS DE DIEU

Suffit-il pour être sauvé d'avoir reçu le Baptême et de croire les vérités contenues dans le Symbole?

Non, pour être sauvé, il ne suffit pas d'avoir reçu le Baptême et de croire les vérités contenues dans le Symbole; il faut encore observer les Commandements de Dieu et de l'Église.

Combien y a-t-il de Commandements de Dieu?

Il y a dix Commandements de Dieu, qu'on appelle le Décalogue.

Récitez les dix Commandements de Dieu.

1. Un seul Dieu tu adoreras,
   Et aimeras parfaitement.
2. Dieu en vain tu ne jureras,
   Ni autre chose pareillement.
3. Les Dimanches tu garderas
   En servant Dieu dévotement.
4. Tes père et mère honoreras,
   Afin de vivre longuement.
5. Homicide point ne seras,
   De fait ni volontairement.

6. Luxurieux point ne seras
De corps ni de consentement.
7. Le bien d'autrui tu ne prendras,
Ni retiendras injustement.
8. Faux témoignage ne diras,
Ni mentiras aucunement.
9. L'œuvre de la chair ne désireras
Qu'en mariage seulement.
10. Les biens d'autrui ne convoiteras
Pour les avoir injustement.

Quels sont ceux qui sont obligés d'observer les dix Commandements de Dieu?

Tous ceux qui ont l'usage de la raison sont obligés de garder les dix Commandements de Dieu.

Pratiques : 1° Savoir bien les commandements de Dieu. — 2° Les réciter tous les jours. — 3° Être dans la résolution de plutôt mourir que d'en violer un seul.

Foi, Espérance, Charité, Religion.

LEÇON II

DU PREMIER COMMANDEMENT DE DIEU

§ I. — Des vertus théologales.

A quoi nous oblige le premier Commandement de Dieu : Un seul Dieu tu adoreras et aimeras parfaitement ?

Le premier Commandement de Dieu nous oblige à quatre choses : 1° à croire en Dieu ; 2° à espérer en lui ; 3° à l'aimer par-dessus tout ; 4° à n'adorer que lui seul.

Comment remplissons-nous ces quatre obligations?

Nous remplissons ces quatre obligations par la pratique des trois vertus théologales : la Foi, l'Espérance et la Charité, et par le culte que nous rendons à Dieu.

Pourquoi la Foi, l'Espérance et la Charité sont-elles appelées vertus théologales?

On appelle la Foi, l'Espérance et la Charité vertus théologales, parce qu'elles se rapportent immédiatement à Dieu.

§ I. — De la Foi.

Qu'est-ce que la Foi?

La Foi est une vertu surnaturelle par laquelle nous croyons fermement toutes les vérités que Dieu a révélées, et qu'il nous enseigne par son Église.

Pourquoi croyons-nous les vérités que Dieu a révélées?

Nous croyons les vérités que Dieu a révélées parce qu'il ne peut ni se tromper ni nous tromper.

Comment pèche-t-on contre la Foi?

On pèche contre la Foi : 1° quand on refuse de croire ce que l'Église enseigne; 2° quand on doute volontairement de quelque vérité révélée; 3° quand on néglige de s'instruire des vérités de la religion; 4° quand on rougit de paraître chrétien.

Faites un acte de Foi.

Mon Dieu, je crois très fermement toutes les vérités que vous nous avez révélées, et que vous nous enseignez par votre Église, parce que vous ne pouvez ni vous tromper ni nous tromper.

§ II. — De l'Espérance.

Qu'est-ce que l'Espérance?

L'Espérance est une vertu surnaturelle par laquelle nous attendons de Dieu avec confiance, par les mérites de Notre-Seigneur Jésus-Christ, la vie éternelle et les moyens nécessaires pour y arriver.

Quels sont les motifs de l'Espérance chrétienne?

Les motifs de l'Espérance chrétienne sont : la bonté de Dieu, sa toute-puissance, sa fidélité à ses promesses, et les mérites infinis de Jésus-Christ.

Comment pèche-t-on contre l'Espérance?

On pèche contre l'Espérance : 1° par désespoir, quand on désespère de son salut; 2° par présomption, quand on s'autorise de la bonté de Dieu pour commettre le péché ou différer sa conversion.

Faites un acte d'Espérance?

Mon Dieu, j'espère avec une ferme confiance que vous me donnerez, par les mérites de Jésus-Christ mon Sauveur, votre grâce en ce monde et, si j'observe vos commandements, votre gloire dans l'autre, parce qu'étant la puissance et la bonté mêmes, vous êtes souverainement fidèle dans vos promesses.

§ III. — De la Charité.

Qu'est-ce que la Charité?

La Charité est une vertu surnaturelle par laquelle nous aimons Dieu par-dessus toutes choses, et notre prochain comme nous-mêmes pour l'amour de Dieu.

Qu'est-ce qu'aimer Dieu par-dessus toutes choses?

Aimer Dieu par-dessus toutes choses, c'est préférer Dieu à tout, et être dans la disposition de mourir plutôt que l'offenser mortellement.

Pourquoi devons-nous aimer Dieu par-dessus toutes choses?

Nous devons aimer Dieu par-dessus toutes choses, parce qu'il est infiniment parfait, infiniment bon, infiniment aimable, et qu'il est notre souverain bien en ce monde et en l'autre.

Comment connaît-on qu'on aime Dieu par-dessus toutes choses?

On connaît qu'on aime Dieu par-dessus toutes choses quand on observe avec fidélité tous ses Commandements.

Comment pèche-t-on contre la Charité envers Dieu?

On pèche contre la charité envers Dieu quand on aime quelque chose plus que Dieu, ou qu'on n'a pour lui que de l'indifférence.

Qu'est-ce qu'aimer le prochain comme soi-même?

Aimer le prochain comme soi-même, c'est lui désirer et lui procurer, autant qu'on le peut, les mêmes biens qu'à soi.

Que faut-il entendre par le nom de prochain?

Par le nom de prochain, il faut entendre tous les hommes, et même nos ennemis.

Pourquoi devons-nous aimer le prochain comme nous-mêmes?

Nous devons aimer le prochain comme nous-mêmes, parce que Dieu nous l'ordonne expressément, et que tous les hommes sont nos frères, créés comme nous à l'image de Dieu, rachetés par Jésus-Christ, et destinés au bonheur éternel.

Comment connaît-on qu'on aime son prochain comme soi-même?

On connaît qu'on aime son prochain comme soi-même si on est disposé à lui faire, dans son âme et dans son corps, tout le bien que l'on désirerait pour soi-même.

Comment pèche-t-on contre la charité envers le prochain?

On pèche contre la charité envers le prochain quand on n'aime pas le prochain autant que soi-même, et qu'on ne lui fait pas tout le bien que l'on peut.

Faites un acte de Charité?

Mon Dieu, je vous aime de tout mon cœur, de toute mon âme, de toutes mes forces, par-dessus toutes choses, parce que vous êtes infiniment bon, infiniment aimable, et j'aime mon prochain comme moi-même pour l'amour de vous.

Sommes-nous obligés de faire des actes de Foi, d'Espérance et de Charité?

Oui, nous sommes obligés de faire des actes de Foi, d'Espérance et de Charité de temps en temps, mais surtout lorsque nous sommes tentés contre ces vertus et à l'heure de la mort.

Pratiques : 1° Faire souvent des actes de Foi, d'Espérance et de Charité. — 2° Faire toutes ses actions par un motif de foi. — 3° Se confier en Dieu dans toutes les épreuves de la vie. — 4° S'exciter à l'amour de Dieu en considérant ses bienfaits innombrables et ses perfections infinies. — 5° Faire tout le bien que l'on peut à son prochain.

LEÇON III

SUITE DU PREMIER COMMANDEMENT DE DIEU

§ II. — De l'adoration due à Dieu et du culte des Saints.

Qu'est-ce qu'adorer Dieu?

Adorer Dieu, c'est lui rendre l'honneur et le culte que nous lui devons comme au créateur et au souverain maître de toutes choses.

Comment pèche-t-on contre le devoir de l'adoration?

On pèche contre le devoir de l'adoration par irréligion, par superstition et par idolâtrie.

Quand pèche-t-on par irréligion?

On pèche par irréligion quand on vit dans le mépris ou l'indifférence pour ses devoirs de chrétien, ou qu'on profane les choses saintes, ou qu'on tourne en dérision la religion et ses ministres.

Quand pèche-t-on par superstition?

On pèche par superstition quand on attribue à certaines pratiques ou à certaines paroles une vertu que Dieu n'y a point attachée, comme de guérir les maladies et de faire connaître l'avenir.

Quand pèche-t-on par idolâtrie?

On pèche par idolâtrie quand on rend aux créatures le culte souverain qui n'est dû qu'au Créateur.

Faites un acte d'adoration.

Mon Dieu, je vous adore avec tous les anges et tous les saints, comme mon Créateur et mon souverain Seigneur, de qui je dépens en toutes choses.

Pouvons-nous adorer la sainte Vierge, les Anges et les Saints?

Non, ce serait une idolâtrie; nous ne pouvons adorer que Dieu seul.

Ne devons-nous pas honorer la sainte Vierge, les Anges et les Saints?

Oui, nous devons honorer la sainte Vierge d'un culte particulier et de préférence, parce qu'elle est la Mère de Dieu. Nous devons aussi honorer les Anges et les Saints, parce qu'ils sont les amis et les fidèles serviteurs de Dieu.

Devons-nous honorer les reliques des Saints?

Oui, nous devons honorer les reliques des Saints, parce que leurs corps ont été les temples du Saint-Esprit, et que Dieu nous accorde, par leur intercession, beaucoup de grâces.

Est-il bon d'avoir des images de Jésus-Christ, de la sainte Vierge et des Saints, et de les honorer?

Oui, il est bon d'avoir des images de Jésus-Christ, de la sainte Vierge et des Saints, et de les honorer; mais il faut rapporter l'honneur que nous leur rendons à Jésus-Christ même et aux Saints qu'elles représentent.

Pratiques : 1° Faire un acte d'adoration dès le commencement de la journée et quand on entre dans une église. — 2° Avoir un grand respect pour les images et les reliques des saints et pour toutes les choses saintes.

LEÇON IV

DU IIe COMMANDEMENT DE DIEU

Qu'est-ce que Dieu nous défend par le second Commandement : Dieu en vain tu ne jureras, ni autre chose pareillement?

Par le second commandement, Dieu nous défend : 1° de jurer en vain; 2° de blasphémer; 3° de faire des imprécations; 4° de manquer aux vœux que l'on a faits.

Qu'est-ce que jurer?

Jurer ou faire serment, c'est prendre Dieu à témoin de la vérité de ce qu'on affirme ou de ce que l'on promet.

Est-il permis quelquefois de faire des serments?

Il est permis de faire des serments quand on est appelé en justice ou quand le serment est le seul moyen de prouver la vérité.

Qu'est-ce que jurer en vain?

Jurer en vain, c'est : 1° faire serment sans nécessité; 2° affirmer par serment ce que l'on sait être faux; 3° s'engager par serment à faire une chose défendue.

Qu'est-ce que blasphémer?

Blasphémer, c'est dire des paroles injurieuses contre Dieu ou contre les Saints; c'est en particulier profaner le saint nom de Dieu.

Qu'est-ce que faire des imprécations?

Faire des imprécations, c'est prononcer des malédictions contre soi-même, contre le prochain ou contre les autres créatures.

Qu'est-ce qu'un vœu?

Un vœu est une promesse que l'on fait à Dieu d'accomplir une œuvre bonne avec l'intention de s'obliger rigoureusement.

Pratiques : 1° Si l'on est habitué à faire des serments sans nécessité, ou à blasphémer, s'imposer une pénitence après chaque faute, pour se corriger de cette mauvaise habitude. — 2° Éviter toute parole grossière qui approcherait de l'imprécation ou du blasphème.

Un homme lapidé pour avoir violé le jour du sabbat.

LEÇON V

DU IIIe COMMANDEMENT DE DIEU

A quoi nous oblige le troisième commandement de Dieu : Les Dimanches tu garderas en servant Dieu dévotement ?

Le troisième Commandement nous oblige à sanctifier le Dimanche en l'employant au service de Dieu et en nous abstenant d'œuvres serviles.

Que faut-il faire pour employer le Dimanche au service de Dieu ?

Pour employer le Dimanche au service de Dieu, il faut assister à la Messe et aux autres offices du jour et employer ce saint jour à faire de bonnes œuvres, comme recevoir les sacrements, faire de bonnes lectures, etc.

Qu'entendez-vous par œuvres serviles ?

J'entends par œuvres serviles certains travaux, auxquels le corps prend plus de part que l'esprit.

Peut-on quelquefois travailler le Dimanche ?

Oui, on peut travailler le Dimanche dans un cas de nécessité; mais alors il faut, autant que possible, en demander la permission à son curé, et entendre la Messe.

Qui sont ceux qui pèchent contre ce troisième Commandement ?

Cé sont : 1° ceux qui travaillent ou font travailler le Dimanche sans une véritable nécessité; 2° ceux qui consacrent ce saint jour à des parties de plaisir ou à des voyages inutiles; 3° ceux qui vendent ou achètent le dimanche sans raison légitime; 4° ceux qui ne vaquent pas aux exercices de la religion.

Pratiques : 1° Le dimanche, assister avec piété à tous les offices de l'Église. — 2° S'abstenir de toute œuvre servile et des voyages qui ne sont pas absolument nécessaires.

Jésus modèle des enfants chrétiens.

LEÇON VI

DU IVe COMMANDEMENT DE DIEU

Qu'est-ce que Dieu nous ordonne par le quatrième Commandement : Tes père et mère honoreras, afin de vivre longuement?

Dieu nous ordonne par ce Commandement d'aimer nos père et mère, de les respecter, de leur obéir, et de les assister dans leurs besoins.

Pourquoi devons-nous aimer nos parents, les respecter et leur obéir?

Nous devons aimer nos parents, les respecter et leur obéir, parce qu'ils tiennent auprès de nous la place de Dieu et qu'ils sont revêtus de son autorité.

Pourquoi devons-nous assister nos parents?

Nous devons assister nos parents, parce qu'il

est bien juste que nous leur rendions dans leurs besoins tous les soins que nous en avons reçus nous-mêmes.

Les pères et les mères n'ont-ils pas aussi des devoirs à remplir à l'égard de leurs enfants?

Oui, les pères et les mères doivent à leurs enfants la nourriture, l'instruction, la correction et les bons exemples.

Le quatrième Commandement n'embrasse-t-il que les devoirs des enfants envers leurs parents?

Le quatrième commandement nous oblige encore à honorer tous nos supérieurs spirituels et temporels, et à leur obéir dans les choses qui ne sont pas contraires à la loi de Dieu.

A quoi sont obligés les maîtres envers leurs serviteurs?

Les maîtres sont obligés de veiller à ce que leurs serviteurs soient instruits de la religion et qu'ils servent Dieu; ils doivent les traiter avec bonté, et leur payer exactement leur salaire.

Quels sont les devoirs des serviteurs envers leurs maîtres?

Les serviteurs doivent respecter leurs maîtres, leur obéir, les servir avec affection en vue de Dieu et conserver leurs biens fidèlement.

Pratiques : 1° Voir Dieu dans la personne de ses parents et de ses maîtres. — 2° Éloigner des enfants toute occasion de péché. — 3° Regarder l'éducation chrétienne comme le plus précieux héritage qu'on puisse laisser à ses enfants.

Dieu maudit Caïn qui tue son frère Abel.

LEÇON VII

DU Ve COMMANDEMENT DE DIEU

Qu'est-ce que Dieu nous défend par le cinquième Commandement : Homicide point ne seras de fait ni volontairement?

Par le cinquième Commandement, Dieu nous défend de nous donner la mort ou de la donner aux autres; il nous défend même d'en avoir la volonté ou le désir.

N'est-il jamais permis de se donner la mort?

Non, il n'est jamais permis de se donner la mort, quelque malheureux qu'on soit, parce que notre vie appartient à Dieu, qui seul a droit d'y mettre fin.

Est-il permis quelquefois de donner la mort aux autres?

Oui, il est permis de donner la mort aux autres

en cas de légitime défense et quand on exécute les sentences de la justice.

Est-il permis de se battre en duel?

Non, cela n'est pas permis, et ceux qui se battent en duel commettent un double crime, en s'exposant eux-mêmes à la mort et en cherchant à la donner aux autres.

Le cinquième Commandement défend-il seulement de donner la mort au prochain?

Le cinquième Commandement ne défend pas seulement de donner la mort au prochain; il défend encore de blesser ou de frapper le prochain, de le haïr, de lui dire des injures, enfin de le scandaliser.

Qu'est-ce que scandaliser le prochain?

Scandaliser le prochain, c'est le porter au péché par de mauvais conseils ou par de mauvais exemples, et s'exposer ainsi à donner la mort à son âme.

Pratiques : 1° Pardonner généreusement le mal qu'on nous a fait. — 2° Prendre garde de scandaliser les autres, surtout les enfants. — 3° S'appliquer à donner toujours le bon exemple.

LEÇON VIII

DU VIe ET DU IXe COMMANDEMENT DE DIEU

Qu'est-ce que Dieu nous défend par le sixième Commandement : Luxurieux point ne seras, de corps ni de consentement?

Par le sixième Commandement, Dieu nous défend les actions, les regards et les paroles contraires à la pureté.

Qu'est-ce que Dieu nous défend encore par le sixième Commandement ?

Dieu nous défend encore par le sixième Commandement tout ce qui porte à l'impureté, comme les tableaux, les livres et les spectacles mauvais, les mises indécentes, les danses immodestes et les mauvaises compagnies.

Qu'est-ce que Dieu nous défend par le neuvième Commandement : L'œuvre de la chair ne désireras qu'en mariage seulement ?

Dieu, après avoir défendu par le sixième Commandement toutes les actions contraires à la pureté, nous défend par le neuvième tous les désirs et toutes les pensées volontaires contre cette vertu.

Que faut-il faire pour se corriger ou se préserver du vice d'impureté ?

Pour se corriger ou se préserver du vice d'impureté, il faut fuir l'oisiveté et toutes les occasions dangereuses, recourir fréquemment à la prière et aux sacrements, et avoir une grande dévotion à la sainte Vierge.

Pratiques : 1° Éviter avec soin tout ce qui peut être une occasion de péché contre la sainte vertu de pureté. — 2° Dès qu'on est tenté sur ce point, invoquer intérieurement les noms de Jésus et de Marie.

LEÇON IX

DU VIIe ET DU Xe COMMANDEMENT DE DIEU

Qu'est-ce que Dieu nous défend par le septième Commandement : Le bien d'autrui tu ne prendras ni retiendras injustement?

Dieu nous défend par le septième Commandement de prendre ou de retenir le bien d'autrui injustement, et de causer aucun dommage au prochain en ses biens.

Qui sont ceux qui prennent injustement le bien d'autrui?

Ceux qui prennent injustement le bien d'autrui sont les voleurs, les domestiques infidèles, les marchands sans probité, les usuriers, les plaideurs de mauvaise foi, et généralement tous ceux qui font tort au prochain.

De quelle manière peut-on retenir injustement le bien d'autrui?

On retient injustement le bien d'autrui en ne payant pas ses dettes, en ne rendant pas un dépôt confié, ou en gardant une chose trouvée sans s'informer à qui elle appartient.

A quoi sont obligés ceux qui ont fait quelque tort au prochain?

Ceux qui ont fait quelque tort au prochain sont obligés de restituer le plus tôt possible ce qu'ils ont pris au possesseur légitime ou à ses héritiers, et de réparer le dommage qu'ils ont injustement causé.

Qu'est-ce que Dieu nous défend par le dixième Commandement : Les biens d'autrui tu ne convoiteras pour les avoir injustement?

Dieu, après avoir défendu par le septième Commandement de prendre et de retenir le bien d'autrui, défend par le dixième le désir même de se l'approprier par des moyens injustes.

Pratiques : 1° Ne jamais rien prendre, ni chez ses parents, ni chez ses maîtres, sans leur permission. — 2° Quand on a trouvé un objet perdu, en rechercher le maître pour le lui rendre.

Faux témoignage contre Jésus au tribunal de Caïphe.

LEÇON X

DU VIIIe COMMANDEMENT DE DIEU

Qu'est-ce que Dieu nous défend par le huitième Commandement : Faux témoignage ne diras ni mentiras aucunement?

Par le huitième Commandement, Dieu nous défend de porter de faux témoignages, de mentir, de calomnier, de médire et de faire des jugements téméraires.

Qu'est-ce que porter un faux témoignage?

Porter un faux témoignage, c'est faire devant les tribunaux une déposition contraire à la vérité.

Qu'est-ce que mentir?

Mentir, c'est parler contre sa pensée avec l'intention de tromper.

Qu'est-ce que calomnier?

Calomnier, c'est attribuer au prochain des défauts qu'il n'a pas ou des fautes qu'il n'a pas commises.

Qu'est-ce que médire?

Médire, c'est découvrir sans nécessité les fautes ou les défauts du prochain.

Qu'est-ce que juger témérairement?

Juger témérairement, c'est concevoir une mauvaise opinion du prochain sans preuves suffisantes.

Comment doit-on réparer le tort fait au prochain par la calomnie?

On doit réparer le tort fait au prochain par la calomnie en désavouant le mal qu'on a dit de lui contre la vérité.

Comment doit-on réparer le tort fait au prochain par la médisance?

On doit réparer le tort fait au prochain par la médisance, en excusant ses fautes et en faisant valoir ses bonnes qualités.

Pratiques : 1° Ne jamais mentir, même pour s'excuser. — 2° Empêcher les médisances autant qu'on le peut. — 3° Interpréter toujours en bonne part les actions et les intentions des autres.

Jésus donne à saint Pierre les clefs du ciel.

LEÇON XI

DES COMMANDEMENTS DE L'ÉGLISE

L'Église a-t-elle le pouvoir de faire des Commandements?

Oui, l'Église peut faire des Commandements, car Jésus-Christ lui a donné ce pouvoir, et nous a ordonné de lui obéir.

Les Commandements de l'Église obligent-ils comme les Commandements de Dieu?

Les Commandements de l'Église obligent comme les Commandements de Dieu, car Jésus-Christ a déclaré que désobéir à l'Église ce serait désobéir à lui-même.

Combien y a-t-il de Commandements de l'Église?

Il y a six Commandements de l'Église.

Récitez les Commandements de l'Église.

1. Les Dimanches Messe ouïras,
   Et les Fêtes pareillement.
2. Les Fêtes tu sanctifieras,
   Qui te sont de commandement.
3. Tous tes péchés confesseras,
   A tout le moins une fois l'an.
4. Ton Créateur tu recevras,
   Au moins à Pâques humblement.
5. Quatre-Temps, Vigiles jeûneras,
   Et le Carême entièrement.
6. Vendredi chair ne mangeras,
   Ni le samedi mêmement.

Pratiques : Avoir un grand respect pour les commandements de l'Église, et les observer même devant ceux qui les méprisent.

LEÇON XII

DU Ier ET DU IIe COMMANDEMENT DE L'ÉGLISE

Qu'est-ce que l'Église nous ordonne par le premier Commandement : Les Dimanches Messe ouïras, et les Fêtes pareillement?

Par le premier Commandement, l'Église nous ordonne d'entendre dévotement la Messe tout entière les dimanches et les fêtes d'obligation.

Quelle Messe faut-il entendre de préférence?

Il convient d'entendre de préférence la Messe de paroisse, parce qu'elle est offerte spécialement pour les paroissiens, et qu'on y entend les instructions de son propre pasteur avec l'annonce des jeûnes et des fêtes.

Qu'est-ce que l'Église nous ordonne par le deuxième Commandement : Les Fêtes tu sanctifieras qui te sont de commandement?

Par le deuxième Commandement, l'Église nous ordonne de sanctifier les fêtes d'obligation qu'elle a instituées en l'honneur de Notre-Seigneur Jésus-Christ, de la sainte Vierge et des Saints.

Combien y a-t-il de fêtes d'obligation?

Il y a maintenant en France quatre fêtes d'obligation : Noël, l'Ascension, l'Assomption de la sainte Vierge et la Toussaint.

Suffit-il d'entendre la Messe pour sanctifier les dimanches et les fêtes?

Non, un bon chrétien ne se contente pas d'entendre la Messe, il a soin d'assister aussi aux offices et aux instructions de l'après-midi; et s'il ne le peut pas, d'y suppléer par des prières, des lectures pieuses et d'autres bonnes œuvres.

Pratiques : 1° Tâcher d'entendre la Messe, non seulement les dimanches et les fêtes d'obligation, mais aussi les fêtes de dévotion, et tous les jours si on le peut. — 2° Assister régulièrement aux Vêpres, et y chanter avec tous les fidèles.

LEÇON XIII

DU IIIe ET DU IVe COMMANDEMENT DE L'ÉGLISE

Qu'est-ce que l'Église nous ordonne par le troisième Commandement : Tous tes péchés confesseras à tout le moins une fois l'an ?

Par le troisième Commandement, l'Église nous ordonne de confesser tous nos péchés au moins une fois chaque année.

A quel âge les enfants sont-ils obligés de se confesser?

Les enfants sont obligés de se confesser quand ils sont capables d'offenser Dieu, ce qui est ordinairement vers l'âge de sept ans.

Qu'est-ce que l'Église nous ordonne par le quatrième Commandement : Ton Créateur tu recevras au moins à Pâques humblement?

Par le quatrième Commandement, l'Église ordonne à tous les fidèles qui ont atteint l'âge de discrétion, c'est-à-dire vers les douze ans, de communier au moins une fois chaque année, au temps de Pâques.

Où faut-il faire cette communion pascale?

Il faut faire cette communion pascale dans sa paroisse, à moins qu'on ait la permission de la faire ailleurs.

Est-ce un grand péché de ne pas faire ses pâques?

Oui, c'est un grand péché de ne point faire ses pâques, car c'est désobéir à l'Église en matière grave, mépriser le plus grand bienfait de Dieu et scandaliser le prochain.

Qu'est-ce que l'Église nous fait entendre en disant qu'il faut se confesser au moins une fois l'an, et communier au moins à Pâques?

En disant qu'il faut se confesser au moins une fois l'an et communier au moins à Pâques, l'Église nous fait entendre qu'elle désire que les fidèles se confessent et communient plus souvent.

Pourquoi l'Église désire-t-elle que les fidèles se confessent et communient plus souvent?

L'Église désire que les fidèles se confessent et communient plus souvent, parce qu'il est difficile de vivre chrétiennement, si l'on ne se confesse et si l'on ne communie qu'une fois l'année.

Pratiques : 1° Se confesser souvent et communier au moins aux principales fêtes de l'année. — 2° Veiller sur ses enfants et sur ses serviteurs, afin qu'ils remplissent leurs devoirs concernant la confession et la communion.

LEÇON XIV

DU Ve ET DU VIe COMMANDEMENT DE L'ÉGLISE

Qu'est-ce que l'Église nous ordonne par le cinquième Commandement : Quatre-Temps, Vigiles jeûneras, et le Carême entièrement?

Par le cinquième Commandement, l'Église nous ordonne de jeûner et de faire maigre les jours de Quatre-Temps, la veille de certaines fêtes et les quarante jours de Carême.

Qu'est-ce que jeûner?

Jeûner, c'est ne faire, par jour, qu'un seul repas, auquel il est cependant permis d'ajouter une légère collation.

La loi du jeûne oblige-t-elle tous les fidèles?

Oui, la loi du jeûne oblige tous les fidèles qui ont vingt et un ans accomplis, et qui n'ont ni empêchements ni dispenses légitimes.

Pourquoi le jeûne des Quatre-Temps a-t-il été établi?

Le jeûne des Quatre-Temps a été établi pour sanctifier par la pénitence les quatre saisons de l'année, attirer les bénédictions de Dieu sur les fruits de la terre, et obtenir ses grâces pour les ordinations des ministres de l'Église, qui se font chaque samedi des Quatre-Temps.

Pourquoi jeûne-t-on la veille de certaines fêtes?

On jeûne la veille de certaines fêtes pour se disposer par la pénitence à les bien célébrer.

Pourquoi l'Église a-t-elle institué le jeûne du Carême?

L'Église a institué le jeûne du Carême pour honorer et imiter le jeûne de Notre-Seigneur dans le désert, et pour nous mieux préparer par la pénitence à la grande fête de Pâques.

Qu'est-ce que l'Église nous défend par le sixième Commandement : Vendredi chair ne mangeras, ni le samedi mêmement.

Par le sixième Commandement, l'Église nous défend d'user sans nécessité d'aliments gras le vendredi et le samedi.

Pourquoi l'Église a-t-elle établi l'abstinence du vendredi et du samedi?

L'Église a établi l'abstinence du vendredi et du samedi pour honorer la mort et la sépulture de Notre-Seigneur, et nous rappeler chaque semaine la nécessité de faire pénitence.

N'est-on pas généralement dispensé aujourd'hui de l'abstinence du samedi?

On est dispensé aujourd'hui, dans plusieurs diocèses, de l'abstinence du samedi, en vertu d'une concession particulière de notre saint-père le Pape; mais cette dispense n'est pas accordée pour les samedis où le jeûne est commandé.

Pratiques : 1° Ne pas manquer, par respect humain ou par une délicatesse coupable, aux lois du jeûne et de l'abstinence. — 2° N'en demander dispense que pour des motifs légitimes.

LEÇON XV

DU PÉCHÉ EN GÉNÉRAL

Qu'est-ce que le péché ?

Le péché est une désobéissance aux commandements de Dieu et de l'Église.

Combien y a-t-il de sortes de péchés ?

Il y a deux sortes de péchés : le péché originel et le péché actuel.

Qu'est-ce que le péché originel ?

Le péché originel est celui que nous apportons en venant au monde, et qui nous vient de notre origine par l'effet de la désobéissance d'Adam, notre premier père.

Comment le péché originel est-il remis ?

Le péché originel est remis par le sacrement de baptême.

Qu'est-ce que le péché actuel ?

Le péché actuel est celui que nous commettons par un acte de notre propre volonté, lorsque nous avons l'usage de la raison.

En combien de manières commet-on le péché actuel ?

On commet le péché actuel en quatre manières : par pensée et désir, par parole, par action et par omission.

Combien y a-t-il de sortes de péchés actuels ?

Il y a deux sortes de péchés actuels : le péché mortel et le péché véniel.

Qu'est-ce que le péché mortel ?

Le péché mortel est celui qui donne la mort à notre âme en lui ôtant la vie de la grâce, et qui nous rend ennemis de Dieu et dignes des peines de l'enfer.

Quand est-ce que le péché est mortel?

Le péché est mortel quand on le commet en matière grave et avec un plein consentement.

De combien de péchés mortels faut-il être coupable pour être damné?

Il suffit d'être coupable d'un seul péché mortel pour être damné, si l'on meurt dans cet état.

Qu'est-ce que le péché véniel?

Le péché véniel est celui qui affaiblit en nous la vie de la grâce, nous rend moins agréables à Dieu et dignes de peines temporelles en cette vie ou en l'autre.

Quand est-ce que le péché est véniel?

Le péché est véniel quand on le commet en matière légère, ou même en matière grave, mais sans un plein consentement.

Devons-nous craindre beaucoup le péché véniel?

Oui, nous devons craindre beaucoup le péché véniel, parce qu'il offense Dieu, refroidit en nous la charité, et nous dispose au péché mortel.

Comment est-ce que le péché mortel et le péché véniel nous sont remis?

Le péché mortel et le péché véniel nous sont remis par le sacrement de Pénitence; mais le péché véniel peut être aussi remis par les œuvres de piété.

Pratiques: 1° Craindre le péché mortel plus que tous les maux. — 2° Se confesser dès qu'on s'en est rendu coupable. — 3° Ne pas se laisser aller au péché véniel, sous prétexte qu'il n'est qu'une faute légère.

LEÇON XVI

DES PÉCHÉS CAPITAUX

Combien y a-t-il de péchés capitaux?

Il y a sept péchés capitaux, savoir : l'orgueil, l'avarice, la luxure, l'envie, la gourmandise, la colère et la paresse.

Pourquoi donne-t-on à ces péchés le nom de capitaux?

On donne à ces péchés le nom de capitaux, parce qu'ils sont comme la source de beaucoup d'autres péchés.

Qu'est-ce que l'orgueil?

L'orgueil est une estime déréglée de soi-même, qui fait qu'on se préfère aux autres, et qu'on veut s'élever au-dessus d'eux.

Qu'est-ce que l'avarice?

L'avarice est un attachement désordonné aux biens de la terre, et principalement à l'argent.

Qu'est-ce que la luxure?

La luxure est le vice de l'impureté, défendu par le sixième et le neuvième commandement de Dieu.

Qu'est-ce que l'envie?

L'envie est une tristesse que l'on ressent volontairement à la vue du bonheur du prochain, ou une joie coupable du mal qui lui arrive.

Qu'est-ce que la gourmandise?

La gourmandise est un amour déréglé du boire et du manger.

Qu'est-ce que la colère?

La colère est un mouvement déréglé de l'âme,

qui nous fait repousser avec violence ce qui nous déplaît.

Qu'est-ce que la paresse?

La paresse est un amour excessif du repos qui fait que nous manquons à nos devoirs, ou que nous les remplissons avec négligence.

Quels sont les principaux moyens d'éviter le péché?

Les principaux moyens d'éviter le péché sont : la fuite des occasions prochaines, la méditation fréquente de nos fins dernières, la prière, la mortification, le travail, la fréquentation des sacrements et la dévotion à la sainte Vierge.

Quelles sont les sept vertus opposées aux sept péchés capitaux?

Les sept vertus opposées aux sept péchés capitaux sont : l'humilité, le détachement, la chasteté, la charité fraternelle, la tempérance, la douceur et la vigilance chrétienne.

Pratiques : 1° Réprimer avec soin ses mauvaises inclinations, surtout quand on est jeune. — 2° En s'examinant, rechercher la cause de ses péchés pour l'enlever. — 3° Combattre fortement son défaut dominant.

Le sacré Cœur de Jésus, source de toutes les grâces.

TROISIÈME PARTIE

DES MOYENS QUE DIEU A ÉTABLIS POUR NOUS SANCTIFIER

LEÇON PREMIÈRE

DE LA GRACE

Pouvons-nous, par nos seules forces naturelles, observer les Commandements de Dieu et nous sauver?

Non, nous ne pouvons observer les Commandements de Dieu et nous sauver qu'avec le secours de la grâce.

Qu'est-ce que la grâce?

La grâce est un don surnaturel ou un secours que Dieu nous accorde par pure bonté et en vue des mérites de Jésus-Christ, pour nous aider à faire notre salut.

Combien y a-t-il de sortes de grâces?

Il y a deux sortes de grâces : la grâce habituelle ou sanctifiante et la grâce actuelle.

Qu'est-ce que la grâce habituelle ou sanctifiante?

La grâce habituelle ou sanctifiante est un don surnaturel qui demeure en notre âme et qui la rend sainte et agréable aux yeux de Dieu.

Pouvons-nous perdre la grâce habituelle?

Oui, nous pouvons perdre la grâce habituelle : un seul péché mortel suffit pour nous en priver.

Qu'est-ce que la grâce actuelle?

La grâce actuelle est un secours surnaturel et passager par lequel Dieu éclaire notre esprit, excite et fortifie notre volonté, pour nous aider à éviter le mal et à faire le bien.

Dieu nous donne-t-il toujours la grâce actuelle?

Oui, Dieu nous donne la grâce actuelle toutes les fois que nous en avons besoin et que nous la demandons comme il faut.

Suffit-il, pour opérer notre salut, que Dieu nous accorde sa grâce?

Non, il ne suffit pas, pour opérer notre salut, que Dieu nous accorde sa grâce; nous devons y coopérer, c'est-à-dire en suivre l'inspiration et le mouvement.

Quels sont les moyens ordinaires pour obtenir la grâce?

Les moyens ordinaires pour obtenir la grâce sont la prière et les sacrements.

Pratiques : 1° Estimer l'état de grâce plus que tous les trésors du monde. — 2° Obéir aux mouvements de la grâce dès qu'on se sent porté à faire une bonne œuvre, ou à fuir l'occasion du péché.

LEÇON II

DE LA PRIÈRE

Qu'est-ce que la prière?

La prière est une élévation de notre âme vers Dieu pour lui rendre nos hommages, lui exposer nos besoins et lui demander ses grâces.

Sommes-nous obligés de prier?

Oui, nous sommes obligés de prier; c'est un

devoir fondé sur l'honneur que nous devons à Dieu, sur le précepte et l'exemple de Jésus-Christ, sur nos besoins et sur notre impuissance.

Quand faut-il prier?

Il faut prier souvent, mais particulièrement le matin et le soir, ainsi que dans nos peines, nos dangers et nos tentations.

Comment faut-il prier?

Il faut prier avec attention, humilité, confiance et persévérance.

Quels biens devons-nous demander à Dieu?

Nous devons demander à Dieu principalement les biens spirituels, mais nous pouvons lui demander aussi les biens temporels.

Dans quelles dispositions devons-nous demander à Dieu les biens temporels?

Nous devons demander à Dieu les biens temporels pour une bonne fin, avec résignation à sa volonté, aimant mieux en être privés que de les obtenir, s'ils doivent être nuisibles à notre salut.

Pratiques : 1° Élever souvent son cœur à Dieu, surtout au commencement de ses principales actions. — 2° Prier Dieu avec plus de ferveur lorsqu'on est tenté, lorsqu'on est en danger de mort, et lorsqu'on a commis quelque faute grave.

LEÇON III

DE L'ORAISON DOMINICALE

Quelle est la prière la plus excellente et la plus agréable à Dieu?

La prière la plus excellente et la plus agréable à Dieu est l'Oraison dominicale, qui renferme en abrégé tout ce que nous devons demander à Dieu.

Pourquoi cette prière est-elle appelée Oraison dominicale?

Cette prière est appelée Oraison dominicale, qui veut dire *prière du Seigneur,* parce que c'est Jésus-Christ lui-même qui nous l'a enseignée.

Récitez l'Oraison dominicale :

Notre Père, qui êtes aux cieux, que votre nom soit sanctifié : que votre règne arrive : que votre volonté soit faite sur la terre comme au ciel : donnez-nous aujourd'hui notre pain de chaque jour : pardonnez-nous nos offenses comme nous pardonnons à ceux qui nous ont offensés : et ne nous laissez pas succomber à la tentation; mais délivrez-nous du mal. Ainsi soit-il.

Pourquoi disons-nous : Notre Père, *et non pas :* Mon Père?

Nous disons *notre Père,* et non pas *mon Père,* pour nous rappeler que nous sommes tous frères, et que nous devons prier les uns pour les autres.

Pourquoi ajoutons-nous : Qui êtes aux cieux, *puisque Dieu est partout?*

Nous ajoutons : *qui êtes aux cieux,* parce que le ciel est le lieu où Dieu réside avec plus de gloire et où nous espérons le posséder un jour.

Que demandons-nous à Dieu dans l'Oraison dominicale?

Nous demandons à Dieu dans l'Oraison dominicale tout ce qui peut contribuer à sa gloire, et ce qui nous est nécessaire pour la vie de l'âme et du corps.

Que demandons-nous pour la gloire de Dieu?

Nous demandons pour la gloire de Dieu que son saint nom soit connu et adoré, qu'il règne par sa grâce dans tous les cœurs, et que les hommes lui obéissent sur la terre comme les Anges et les Saints lui obéissent dans le ciel.

Qu'est-ce que nous demandons pour nous dans l'Oraison dominicale?

Nous demandons pour nous, dans l'Oraison dominicale, la nourriture quotidienne de l'âme et du corps, le pardon de nos offenses, la grâce de surmonter les tentations et d'être préservés de tous les maux de la vie présente et de la vie future.

Pratiques : 1° Réciter l'Oraison dominicale avec attention et piété. — 2° Quand on éprouve du ressentiment contre quelqu'un, insister sur cette demande : Pardonnez-nous nos offenses comme nous pardonnons à ceux qui nous ont offensés.

LEÇON IV

DE LA SALUTATION ANGÉLIQUE

Quelle est, après l'Oraison dominicale, la prière que nous devons réciter avec le plus de confiance?

La prière que nous devons réciter avec le plus de confiance après l'Oraison dominicale, c'est la Salutation angélique, que nous adressons à la sainte Vierge.

Récitez la Salutation angélique?

Je vous salue, Marie, pleine de grâce, le Seigneur est avec vous; vous êtes bénie entre toutes les femmes, et Jésus, le fruit de votre sein, est béni.

Sainte Marie, Mère de Dieu, priez pour nous, pauvres pécheurs, maintenant et à l'heure de notre mort. Ainsi soit-il.

Pourquoi appelle-t-on cette prière la Salutation angélique?

On appelle cette prière la Salutation angélique

parce qu'elle commence par les paroles que l'archange Gabriel adressa à la sainte Vierge en lui annonçant qu'elle serait Mère de Dieu.

Doit-on réciter souvent cette prière ?

Oui, il est très avantageux de réciter souvent cette prière, afin d'implorer le secours de la sainte Vierge; mais il faut la réciter particulièrement le matin et le soir, et quand on sonne l'*Angélus*.

*Qu'est-ce que l'*Angélus ?

L'*Angélus* est une prière que l'on récite trois fois par jour, au son de la cloche, le matin, à midi et le soir, afin de remercier Dieu du mystère de l'Incarnation, et d'obtenir l'intercession de la sainte Vierge, en qui ce mystère s'est opéré.

Devons-nous avoir une grande dévotion à la sainte Vierge ?

Oui, nous devons avoir une grande dévotion à la sainte Vierge, parce qu'elle est la plus parfaite et la plus puissante des créatures.

Que devons-nous faire pour témoigner notre dévotion à la sainte Vierge ?

Pour témoigner notre dévotion à la sainte Vierge, nous devons l'honorer, parce qu'elle est la Mère de Dieu; l'invoquer avec confiance, parce qu'elle est notre mère; célébrer ses fêtes avec piété et nous efforcer d'imiter ses vertus.

Pratiques : 1° Recourir avec une confiance toute filiale à la sainte Vierge dans ses peines, dans ses tentations, et surtout au moment de la mort. — 2° Aimer à communier à toutes les fêtes de la sainte Vierge. — 3° Réciter en son honneur le chapelet et l'*Angélus*.

LEÇON V

DES SACREMENTS

Qu'est-ce qu'un sacrement ?

Un sacrement est un signe sensible institué par Notre-Seigneur Jésus-Christ pour produire la grâce dans nos âmes et nous sanctifier.

Pourquoi dites-vous que le sacrement est un signe ?

Je dis que le sacrement est un signe, parce qu'il signifie ou représente la grâce invisible qu'il produit dans l'âme.

Pourquoi dites-vous que le sacrement est un signe sensible ?

Je dis que le sacrement est un signe sensible, parce que dans les sacrements il y a la *matière,* c'est-à-dire quelque chose qu'on peut voir ou toucher ; et la *forme,* c'est-à-dire les paroles que prononce le ministre du sacrement.

Combien de sacrements Notre-Seigneur Jésus-Christ a-t-il institués ?

Notre-Seigneur Jésus-Christ a institué sept sacrements : le Baptême, la Confirmation, l'Eucharistie, la Pénitence, l'Extrême-Onction, l'Ordre et le Mariage.

Les sacrements produisent-ils la grâce en tous ceux qui les reçoivent ?

Non, les sacrements ne produisent la grâce qu'en ceux qui les reçoivent avec les dispositions convenables.

En combien de sortes divise-t-on les sacrements ?

On divise les sacrements en deux sortes : en

sacrements des morts et en sacrements des vivants.

Combien y a-t-il de sacrements des morts?

Il y a deux sacrements des morts : le Baptême et la Pénitence.

Pourquoi appelle-t-on le Baptême et la Pénitence sacrements des morts?

On appelle le Baptême et la Pénitence sacrements des morts, parce qu'ils nous font passer de la mort du péché à la vie de la grâce.

Combien y a-t-il de sacrements des vivants?

Il y a cinq sacrements des vivants, savoir : la Confirmation, l'Eucharistie, l'Extrême-Onction, l'Ordre et le Mariage.

Pourquoi donne-t-on à ces cinq sacrements le nom de sacrements des vivants?

On donne à ces cinq sacrements le nom de sacrements des vivants, parce qu'il faut avoir la vie de la grâce, c'est-à-dire qu'il faut être exempt de péché mortel pour les recevoir dignement.

Y a-t-il des sacrements qu'on ne peut recevoir qu'une fois?

Il y a trois sacrements qu'on ne peut recevoir qu'une fois : le Baptême, la Confirmation et l'Ordre.

Pourquoi ne peut-on recevoir ces sacrements qu'une fois?

On ne peut recevoir ces sacrements qu'une fois, parce qu'ils impriment dans l'âme une marque ineffaçable, qu'on appelle le *caractère*.

Pratiques : 1° Remercier Jésus-Christ d'avoir institué pour nous les sacrements. — 2° Admirer la sagesse de Dieu dans la convenance des sept sacrements. — 3° Avoir un grand respect pour tous les sacrements et pour les cérémonies qui accompagnent leur administration.

Jésus baptisé par saint Jean dans le Jourdain.

LEÇON VI

DU BAPTÊME

Qu'est-ce que le Baptême?

Le Baptême est un sacrement qui efface le péché originel et nous fait chrétiens, enfants de Dieu et de l'Église.

Le Baptême n'efface-t-il que le péché originel?

Le Baptême efface, dans celui qui le reçoit à l'âge de raison et avec les dispositions nécessaires, non seulement le péché originel, mais encore tous les péchés actuels, et il remet aussi toutes les peines temporelles dues à ces péchés.

Le Baptême est-il absolument nécessaire pour être sauvé?

Oui, le Baptême est absolument nécessaire pour

être sauvé, puisque Jésus-Christ a dit que celui qui n'est pas régénéré par l'eau et le Saint-Esprit n'entrera pas dans le royaume des cieux.

Le Baptême peut-il être suppléé?

Oui, le Baptême peut être suppléé par le martyre, qu'on appelle baptême de sang, ou par un parfait amour de Dieu avec le désir d'être baptisé, qu'on appelle baptême de feu.

Qui est-ce qui peut baptiser?

Dans les cas de nécessité, toute personne peut et doit baptiser; mais s'il n'y a pas de nécessité pressante, les prêtres seuls peuvent le faire.

Que faut-il faire pour baptiser?

Il faut que celui qui baptise verse lui-même l'eau sur la tête de l'enfant, en disant en même temps, et avec l'intention de faire ce que fait l'Église : Je te baptise au nom du Père, et du Fils, et du Saint-Esprit.

De quelle eau faut-il se servir pour baptiser?

Pour baptiser il faut se servir d'une eau pure et naturelle, comme l'eau de rivière, de pluie ou de fontaine.

A quoi s'engage celui qui reçoit le Baptême?

Celui qui reçoit le Baptême s'engage à croire en Jésus-Christ, à pratiquer sa loi et à renoncer au démon, à ses pompes et à ses œuvres.

Que faut-il entendre par les pompes du démon?

Par les pompes du démon, il faut entendre les vanités du monde et ses plaisirs dangereux.

Que faut-il entendre par les œuvres du démon?

Par les œuvres du démon, il faut entendre toute espèce de péché.

Pourquoi donne-t-on un parrain et une marraine à celui qu'on baptise?

On donne un parrain et une marraine à celui

ɪu'on baptise pour promettre en son nom qu'il era fidèle aux engagements de son baptême, et ·eiller, s'il est nécessaire, à ce qu'il les accom-ılisse.

Est-il bon de renouveler souvent les promesses lu Baptême?

Oui, il est bon de renouveler souvent les pro-nesses du Baptême, et particulièrement lorsqu'on ι atteint l'âge de raison ; au jour de la première ɔommunion et de la confirmation ; et tous les ans, ι la fête de son patron et le jour anniversaire de ɜon baptême.

Pratiques : 1° Remercier Dieu de nous avoir faits chré-ɩiens par sa grâce. — 2° Renouveler souvent les promesses du ɔaptême.

L'Évêque donne le sacrement de Confirmation.

LEÇON VII

DE LA CONFIRMATION

Qu'est-ce que la Confirmation ?

La Confirmation est un sacrement qui nous communique le Saint-Esprit avec l'abondance de ses dons, et nous rend parfaits chrétiens.

Comment la Confirmation nous rend-elle parfaits chrétiens ?

La Confirmation nous rend parfaits chrétiens en augmentant en nous la grâce du baptême, et en nous donnant la force de confesser la foi de Jésus-Christ, même au péril de notre vie.

Combien y a-t-il de dons du Saint-Esprit ?

Il y a sept dons du Saint-Esprit ; ce sont : les dons de sagesse, d'intelligence, de conseil, de force, de science, de piété et de crainte de Dieu.

Qu'est-ce que le don de sagesse?

Le don de sagesse est une grâce qui nous dégoûte des choses du monde et nous fait goûter les choses de Dieu.

Qu'est-ce que le don d'intelligence?

Le don d'intelligence est une grâce qui éclaire notre esprit pour nous faire comprendre les choses de la religion, et nous donner les connaissances nécessaires au salut.

Qu'est-ce que le don de conseil?

Le don de conseil est une grâce qui nous dirige dans nos délibérations, et nous fait choisir ce qui contribue le plus à la gloire de Dieu et au salut de notre âme.

Qu'est-ce que le don de force?

Le don de force est une grâce qui nous fait entreprendre avec courage les choses difficiles pour assurer notre salut et surmonter les obstacles qui s'y opposent.

Qu'est-ce que le don de science?

Le don de science est une grâce qui nous montre la route qu'il faut suivre; les devoirs que nous avons à pratiquer; les dangers que nous avons à éviter pour arriver au ciel.

Qu'est-ce que le don de piété?

Le don de piété est une grâce qui nous donne du goût pour la prière, et nous fait embrasser avec joie tout ce qui regarde le service de Dieu.

Qu'est-ce que le don de crainte de Dieu?

Le don de crainte de Dieu est une grâce du Saint-Esprit qui nous pénètre d'un profond respect pour la majesté de Dieu, et qui nous fait appréhender de lui déplaire.

Pratiques : 1° Demander souvent les dons du Saint-Esprit. — 2° Célébrer tous les ans avec beaucoup de dévotion la fête de la Pentecôte, qui est le jour où le Saint-Esprit est descendu sur les Apôtres.

LEÇON VIII

DES CÉRÉMONIES DE LA CONFIRMATION

Qui est-ce qui administre le sacrement de Confirmation?

C'est l'Évêque qui administre le sacrement de Confirmation.

Quelles sont les principales cérémonies que fait l'Évêque en donnant la Confirmation?

Les principales cérémonies sont : l'imposition des mains, que l'Évêque fait sur tous les confirmés en général, lorsqu'il commence la cérémonie; et l'onction du saint chrême, qu'il fait par un signe de croix sur le front de chaque confirmé en particulier.

Pourquoi l'Évêque impose-t-il les mains sur ceux qu'il confirme?

L'Évêque impose les mains sur ceux qu'il confirme pour montrer que le Saint-Esprit descend sur eux et qu'il prend possession de leur âme.

Qu'est-ce que le saint chrême?

Le saint chrême est de l'huile d'olive mêlée avec un peu de baume, et consacrée par l'Évêque le jeudi saint.

Pourquoi l'Évêque fait-il le signe de la croix avec le saint chrême sur le front de celui qu'il confirme?

L'Évêque fait le signe de la croix avec le saint chrême sur le front de celui qu'il confirme pour lui apprendre qu'il ne doit jamais rougir d'être chrétien.

Pourquoi l'Évêque frappe-t-il légèrement sur la joue celui qu'il a confirmé?

L'Évêque frappe légèrement sur la joue celui qu'il a confirmé pour lui apprendre qu'il doit être prêt à souffrir toute sorte d'affronts et de peines pour l'amour de Jésus-Christ.

Dans quelles dispositions faut-il être pour recevoir la Confirmation ?

Pour recevoir la Confirmation, il faut être instruit des principaux mystères de la religion, et être en état de grâce.

La Confirmation est-elle nécessaire pour être sauvé ?

Non, la Confirmation n'est pas absolument nécessaire pour être sauvé; mais celui qui manquerait de la recevoir par mépris ou par négligence, commettrait un péché et se priverait de beaucoup de grâces.

Pratiques: 1° Se préparer avec piété à recevoir le sacrement de Confirmation. — 2° Après l'avoir reçu, s'appliquer à mener une vie plus chrétienne, et fouler aux pieds le respect humain, en se rappelant que, par la Confirmation, on est devenu soldat de Jésus-Christ.

Notre-Seigneur Jésus-Christ institue l'Eucharistie à la dernière Cène.

LEÇON IX

DE L'EUCHARISTIE

Qu'est-ce que l'Eucharistie ?

L'Eucharistie est un sacrement qui contient réellement et en vérité le corps, le sang, l'âme et la divinité de Notre-Seigneur Jésus-Christ, sous les espèces ou apparences du pain et du vin.

Quel jour Notre-Seigneur a-t-il institué le sacrement de l'Eucharistie?

Notre-Seigneur a institué le sacrement de l'Eucharistie la veille de sa Passion, que nous appelons le jeudi saint.

Comment Notre-Seigneur institua-t-il le sacrement de l'Eucharistie?

Étant dans le cénacle avec ses Apôtres, le soir

après souper, Notre-Seigneur prit du pain, et, ayant rendu grâces à Dieu, il le bénit, le rompit, et le leur distribua en disant : *Prenez et mangez; ceci est mon corps, qui sera livré pour vous.* Il prit ensuite le calice où était le vin, et, ayant rendu grâces, il le bénit, et le leur donna, en disant : *Prenez et buvez-en tous; ceci est mon sang, qui sera répandu pour vous. Faites ceci en mémoire de moi.*

Que fit Notre-Seigneur par ces paroles : Ceci est mon corps; ceci est mon sang?

Par ces paroles : *Ceci est mon corps, ceci est mon sang,* Notre-Seigneur changea le pain en son corps et le vin en son sang.

Que fit Notre-Seigneur par ces autres paroles : Faites ceci en mémoire de moi?

Par ces autres paroles : *Faites ceci en mémoire de moi,* Notre-Seigneur donna à ses Apôtres l'ordre et le pouvoir de changer de même le pain en son corps et le vin en son sang.

Notre-Seigneur ne donna-t-il ce pouvoir qu'aux Apôtres?

Notre-Seigneur donna ce pouvoir aux Apôtres, avec mission de le communiquer à leurs successeurs, et, par eux, aux prêtres, et à eux seuls, jusqu'à la fin du monde.

Quand se fait le changement du pain et du vin au corps et au sang de Jésus-Christ?

Le changement du pain et du vin au corps et au sang de Jésus-Christ se fait au saint sacrifice de la Messe, lorsque, au moment de la consécration, le prêtre prononce les paroles mêmes de Jésus-Christ : *Ceci est mon corps; ceci est mon sang.*

Après la consécration, reste-t-il encore du pain et du vin sur l'autel?

Non, après la consécration il ne reste plus sur

l'autel ni pain ni vin ; il n'en reste que les espèces ou apparences.

Qu'appelez-vous espèces ou apparences du pain et du vin ?

J'appelle espèces ou apparences du pain et du vin ce qui paraît à nos sens, comme la couleur, la forme, le goût du pain et du vin.

Le corps de Notre-Seigneur Jésus-Christ est-il dans le calice avec son sang ; et son sang est-il avec son corps dans l'hostie, après la consécration?

Oui, Notre-Seigneur Jésus-Christ étant vivant dans l'Eucharistie, son corps est toujours avec son sang, et son sang avec son corps.

Lorsque le prêtre divise la sainte hostie, divise-t-il aussi le corps de Jésus-Christ ?

Lorsque le prêtre divise la sainte hostie, il ne divise que les espèces ou apparences du pain, et Jésus-Christ demeure tout entier dans la plus petite partie sensible de l'hostie divisée, comme dans la plus grande.

Comment tout cela peut-il se faire ?

Tout cela se fait par un miracle de la toute-puissance et de l'amour infini de Dieu.

Quel honneur devons-nous rendre à Jésus-Christ dans le sacrement de l'Eucharistie ?

Nous devons adorer Jésus-Christ dans le sacrement de l'Eucharistie, parce qu'il est le même Homme-Dieu qui est adoré de tous les Anges et de tous les Saints dans le ciel.

Pratiques : 1° Croire très fermement que Jésus-Christ est réellement présent dans le sacrement de l'Eucharistie. — 2° Visiter souvent Notre-Seigneur dans ce sacrement, et ne paraître dans les églises qu'avec un grand respect. — 3° Se faire un devoir d'accompagner le très saint Sacrement aux processions de la Fête-Dieu et quand on le porte aux malades.

Le prêtre offrant le saint sacrifice de la Messe.

LEÇON X

DU SAINT SACRIFICE DE LA MESSE

Pourquoi Notre-Seigneur a-t-il institué la sainte Eucharistie ?

Notre-Seigneur a institué la sainte Eucharistie pour s'offrir en sacrifice à Dieu son Père, pendant la sainte Messe, et pour servir de nourriture à nos âmes dans la sainte Communion.

Qu'est-ce que la sainte Messe ?

La sainte Messe est le sacrifice du corps et du sang de Jésus-Christ, offert sur l'autel par le ministère des prêtres sous les apparences du pain et du vin, pour représenter et continuer le sacrifice de la croix.

Comment le sacrifice de la Messe représente-t-il le sacrifice de la croix ?

Le sacrifice de la Messe représente le sacrifice

de la croix parce que, en vertu de la séparation des saintes espèces, le corps de Notre-Seigneur Jésus-Christ semble être séparé de son sang.

Comment la Messe continue-t-elle le sacrifice de la croix?

La Messe continue le sacrifice de la croix parce que c'est le même prêtre, la même Victime et la même immolation; c'est-à-dire que Jésus-Christ continue sur l'autel l'offrande et l'immolation qu'il a faites de lui-même sur la croix.

N'y a-t-il aucune différence entre ces deux sacrifices?

Toute la différence entre ces deux sacrifices consiste en ce que, sur la croix, Jésus-Christ s'est offert lui-même en répandant son sang; au lieu qu'à la Messe il s'offre par le ministère des prêtres sans répandre son sang.

A qui offre-t-on le saint sacrifice de la Messe?

On offre le saint sacrifice de la Messe à Dieu seul, parce que le sacrifice est un acte d'adoration, qui n'est dû qu'à Dieu; mais on peut y faire mémoire de la sainte Vierge, des Anges et des Saints, pour les honorer et obtenir leur intercession.

Pour quelles fins l'Église offre-t-elle à Dieu le sacrifice de la Messe?

L'Église offre à Dieu le sacrifice de la Messe: 1° pour l'adorer comme notre Créateur et notre souverain maître; 2° pour le remercier de ses bienfaits; 3° pour obtenir le pardon de nos péchés; 4° pour lui demander les grâces qui nous sont nécessaires.

Pour qui offre-t-on le saint sacrifice de la Messe?

On offre le saint sacrifice de la Messe d'une manière générale pour tous les fidèles, vivants et morts; en particulier, pour ceux qui y assistent; et plus spécialement, pour ceux à qui le prêtre a l'intention de l'appliquer.

Avec quels sentiments faut-il assister à la sainte Messe?

Il faut assister à la sainte Messe avec des sentiments de foi, de reconnaissance, de contrition, de confiance et d'union avec Jésus-Christ, qui s'offre pour nous.

Pratiques : 1° Se bien pénétrer de la grandeur et de l'excellence du saint sacrifice de la Messe. — 2° Assister à la sainte Messe le plus souvent qu'il est possible, et toujours avec beaucoup de foi et de recueillement.

LEÇON XI

DE LA SAINTE COMMUNION

Qu'est-ce que communier?

Communier, c'est recevoir le corps, le sang, l'âme et la divinité de Notre-Seigneur Jésus-Christ dans le sacrement de l'Eucharistie.

Celui qui communie reçoit-il les trois personnes de la sainte Trinité?

Oui, celui qui communie reçoit le Père, le Fils, et le Saint-Esprit, parce qu'ils sont inséparables.

De combien de manières peut-on communier?

On peut communier de deux manières : spirituellement, c'est-à-dire en ayant un grand désir de recevoir Notre-Seigneur Jésus-Christ; et sacramentellement, c'est-à-dire en recevant réellement la sainte Eucharistie.

Quels effets produit en nous la sainte Communion?

La sainte Communion nous unit étroitement à

Jésus-Christ, augmente en nous la vie de la grâce, affaiblit nos passions et devient le gage de la résurrection glorieuse.

Quelles sont les dispositions nécessaires pour communier dignement ?

Il y a deux sortes de dispositions nécessaires pour communier dignement : les dispositions du corps et les dispositions de l'âme.

Quelles sont les dispositions du corps ?

Les dispositions du corps sont : d'avoir un extérieur modeste et recueilli, et d'être à jeun, c'est-à-dire de n'avoir ni bu ni mangé depuis minuit, à moins qu'on ne communie en viatique.

Quelle est la principale disposition de l'âme ?

La principale disposition de l'âme, c'est d'être en état de grâce, c'est-à-dire de n'être coupable d'aucun péché mortel.

Que doit faire avant de communier celui qui se sent coupable de quelque péché mortel ?

Celui qui, avant de communier, se sent coupable de quelque péché mortel, doit se confesser et recevoir l'absolution.

Que doit faire celui qui se souvient à la sainte Table d'un péché mortel dont il ne s'est pas confessé ?

Celui qui, étant à la sainte Table, se souvient d'un péché mortel dont il ne s'est pas confessé, peut communier après avoir fait un acte de contrition, s'il ne lui est pas possible de se retirer sans scandale; mais il doit s'en confesser au plus tôt.

Est-ce un grand crime de communier en état de péché mortel ?

Oui, c'est le péché de Judas, c'est un horrible sacrilège.

Ceux qui communient en état de péché mortel reçoivent-ils véritablement Notre-Seigneur Jésus-Christ?

Oui, ceux qui communient en état de péché mortel reçoivent véritablement Notre-Seigneur Jésus-Christ; mais c'est pour leur damnation éternelle, s'ils n'en font pas pénitence.

Pratiques : 1° Se préparer à chaque Communion comme si elle devait être la dernière de la vie. — 2° Si on avait eu le malheur de faire une Communion indigne, réparer cette faute au plus tôt par une bonne confession.

LEÇON XII

DE LA MANIÈRE DE COMMUNIER

Que faut-il faire quelques instants avant la Communion?

Avant la Communion, il faut faire des actes de foi, d'adoration, de contrition, d'humilité, d'amour, de confiance et d'offrande [1].

Que faut-il faire quand le moment de la Communion est venu?

Quand le moment de la Communion est venu, il faut s'approcher de la sainte Table avec respect, se mettre à genoux, et tenir la nappe de communion étendue sur ses mains.

Comment doit-on se tenir quand le prêtre présente la sainte hostie?

Lorsque le prêtre présente la sainte hostie, on doit tenir la tête droite et les yeux baissés, ouvrir médiocrement la bouche, et avancer un peu la langue sur la lèvre inférieure.

---

[1] Voir la formule de ces Actes, p. 44.

Que faut-il faire après avoir reçu la sainte hostie ?

Après avoir reçu la sainte hostie, il faut retirer doucement la langue et avaler respectueusement la sainte hostie lorsqu'elle est un peu humectée. Il faut ensuite se retirer de la sainte table avec la plus grande modestie, et s'abstenir de cracher pendant quelque temps.

Que faut-il observer quand c'est un Évêque qui distribue la sainte Communion ?

Quand c'est un Évêque qui distribue la sainte Communion, avant de la recevoir il faut baiser avec respect l'anneau pastoral qu'il porte à la main droite[1].

Que faut-il faire après la Communion ?

Après la Communion, il faut s'entretenir quelque temps avec Notre-Seigneur Jésus-Christ, et faire des actes d'adoration, de remerciement, d'amour, d'offrande et de demande[2].

Comment faut-il passer le jour de la Communion ?

Le jour où on a eu le bonheur de communier, il faut éviter la dissipation, et se rappeler souvent avec reconnaissance la grâce que l'on a reçue.

Pratiques : 1° Réciter avec attention et piété les Actes avant et après la Communion. — 2° Dans chacune de ses Communions, demander une grâce particulière : par exemple, de ne pas retomber dans le péché auquel on est le plus habitué.

---

[1] Une indulgence de 40 jours est attachée à cette pieuse pratique.
[2] Voir la formule de ces Actes, p. 45.

Repentir et retour de l'enfant prodigue.

LEÇON XIII

DU SACREMENT DE PÉNITENCE

Qu'est-ce que la Pénitence ?

La Pénitence est un sacrement qui efface tous les péchés que nous avons commis après le Baptême.

Quand est-ce que Jésus-Christ a institué le sacrement de Pénitence ?

Jésus-Christ a institué le sacrement de Pénitence quand il a dit aux Apôtres : *Recevez le Saint-Esprit ; les péchés seront remis à ceux à qui vous les remettrez, et ils seront retenus à ceux à qui vous les retiendrez.*

Qui sont ceux qui confèrent le sacrement de Pénitence ?

Ceux qui confèrent le sacrement de Pénitence sont les prêtres approuvés par leur Évêque.

Comment les prêtres confèrent-ils le sacrement de Pénitence?

Les prêtres confèrent le sacrement de Pénitence en donnant l'absolution.

Qu'est-ce que l'absolution?

L'absolution est une sentence que le prêtre prononce au nom de Jésus-Christ, pour remettre les péchés au pénitent bien disposé.

Quelles sont les conditions pour obtenir le pardon de ses péchés par l'absolution?

Il y a trois conditions pour obtenir le pardon de ses péchés par l'absolution : la contrition, la confession et la satisfaction.

Pratiques : 1° Recourir au sacrement de Pénitence quand on se sent coupable d'un péché grave. — 2° Aimer à se confesser souvent, par exemple, tous les mois. — 3° Choisir un confesseur pieux et éclairé qui ne nous flatte pas dans nos défauts.

LEÇON XIV

DE LA CONTRITION

Qu'est-ce que la contrition?

La contrition est une douleur de l'âme et une détestation du péché commis, avec une ferme résolution de ne plus le commettre à l'avenir.

Comment appelez-vous cette ferme résolution de ne plus commettre le péché?

Cette ferme résolution de ne plus commettre le péché s'appelle le bon propos.

Quelles qualités doit avoir la contrition?

La contrition doit être : intérieure, surnaturelle, souveraine et universelle.

Qu'entendez-vous en disant que la contrition doit être intérieure?

En disant que la contrition doit être intérieure, j'entends qu'il faut avoir un sincère regret dans le cœur d'avoir offensé Dieu, et qu'il ne suffit pas de faire de bouche des actes de contrition.

Qu'entendez-vous en disant que la contrition doit être surnaturelle?

En disant que la contrition doit être surnaturelle, j'entends qu'il est nécessaire d'avoir une douleur formée en nous par le Saint-Esprit et par des motifs surnaturels.

Qu'entendez-vous en disant que la contrition doit être souveraine?

En disant que la contrition doit être souveraine, j'entends que nous devons être plus fâchés d'avoir offensé Dieu que de tous les maux qui peuvent nous arriver.

Qu'entendez-vous en disant que la contrition doit être universelle?

En disant que la contrition doit être universelle, j'entends qu'il faut détester au moins tous les péchés mortels dont on est coupable, sans en excepter aucun.

Combien y a-t-il de sortes de contrition?

Il y a deux sortes de contrition : la contrition parfaite et la contrition imparfaite.

Qu'est-ce que la contrition parfaite?

La contrition parfaite est une détestation du péché et une douleur d'avoir offensé Dieu, parce qu'il est infiniment bon, infiniment aimable, et que le péché lui déplaît.

Quel effet produit en nous la contrition parfaite?

La contrition parfaite efface par elle-même tous

les péchés, même avant l'absolution, pourvu que nous ayons le désir de la recevoir.

Qu'est-ce que la contrition imparfaite?

La contrition imparfaite est une douleur d'avoir offensé Dieu, conçue par la laideur du péché ou par la crainte des peines de l'enfer.

La contrition imparfaite efface-t-elle par elle-même le péché, comme la contrition parfaite?

Non, la contrition imparfaite n'efface pas par elle-même le péché, mais elle nous dispose à en recevoir le pardon dans le sacrement de Pénitence.

De quels sentiments doit être accompagnée la contrition imparfaite pour nous disposer à recevoir le pardon de nos péchés?

Pour nous disposer à recevoir le pardon de nos péchés, la contrition imparfaite doit être accompagnée de l'espérance du pardon et d'un commencement d'amour de Dieu.

Faut-il faire souvent des actes de contrition?

Oui, il faut faire souvent des actes de contrition, et principalement : quand on a offensé Dieu; quand on est en danger de mort; quand on se prépare à recevoir les sacrements, et, en particulier, quand on reçoit celui de Pénitence.

Comment faites-vous un acte de contrition?

Mon Dieu, je me repens de tout mon cœur de vous avoir offensé, parce que vous êtes infiniment bon et aimable, et que le péché vous déplaît. Je déteste toutes les occasions et les mauvaises habitudes qui m'y portent; et je proteste, moyennant votre sainte grâce, de ne vous offenser jamais, de me corriger au plus tôt, et de faire pénitence de tous mes péchés.

Pratiques : 1° Faire souvent des actes de contrition, surtout le soir avant de se coucher, et dès qu'on s'aperçoit qu'on a offensé Dieu. — 2° Pour s'exciter à la contrition, faire trois stations : l'une à la porte du ciel, l'autre à la porte de l'enfer, la troisième au pied de la croix. — 3° Détester ses péchés par amour pour Dieu.

LEÇON XV

DE LA CONFESSION

Qu'est-ce que la confession ?

La confession est une accusation volontaire et secrète de tous ses péchés, faite à un prêtre approuvé, pour en recevoir l'absolution.

Qui est-ce qui a établi la confession ?

C'est Notre-Seigneur Jésus-Christ qui a établi la confession, lorsqu'il a donné à ses ministres le pouvoir de remettre ou de retenir les péchés.

Est-il nécessaire de déclarer tous ses péchés à son confesseur ?

Il est nécessaire de déclarer à son confesseur au moins tous les péchés mortels dont on se souvient.

Faut-il déclarer l'espèce et le nombre de ses péchés ?

Oui, il faut déclarer l'espèce et le nombre de ses péchés, avec les circonstances qui en augmentent notablement la malice.

Celui qui, dans sa confession, omettrait volontairement un péché mortel, se rendrait-il bien coupable ?

Oui, celui qui, par crainte, honte ou malice, cacherait un péché mortel, ou l'oublierait faute d'examen, ferait un sacrilège, et ses péchés ne lui seraient pas pardonnés.

Que doit faire celui qui, par sa faute, aurait

fait une ou plusieurs confessions nulles et sacrilèges?

Celui qui, par sa faute, aurait fait une ou plusieurs confessions nulles et sacrilèges, est obligé de les réparer par une confession générale ou extraordinaire; et il doit s'accuser, en particulier, des sacrilèges qu'il aurait commis.

Si on oublie involontairement un péché, la confession est-elle sacrilège?

Non, les péchés oubliés involontairement, après un examen sérieux, ne rendent pas la confession sacrilège; mais on doit les accuser dans la confession suivante.

Faut-il aussi confesser ses péchés véniels?

Il n'est pas absolument nécessaire de confesser ses péchés véniels; mais il est très utile de le faire pourvu que ce soit avec une véritable douleur, et non par coutume.

Pratiques : 1° Voir Notre-Seigneur Jésus-Christ dans la personne de son confesseur. — 2° Ne jamais écouter le démon, quand il voudrait nous persuader de ne pas accuser une faute, sous prétexte qu'elle n'est pas mortelle.

LEÇON XVI

DE LA MANIÈRE DE SE CONFESSER

Que faut-il faire quand on se dispose à se confesser?

Quand on se dispose à se confesser, il faut examiner sa conscience, c'est-à-dire faire une recherche exacte de tous les péchés qu'on a commis.

Comment faut-il faire cet examen?

Il faut d'abord demander à Dieu la grâce de bien

connaître ses fautes, puis s'examiner avec soin sur les Commandements de Dieu et de l'Église, sur les péchés capitaux et sur les devoirs de son état[1].

Que faut-il faire après avoir examiné sa conscience?

Après avoir examiné sa conscience, il faut s'exciter à la contrition en pensant : 1° à la bonté de Dieu, que le péché offense; 2° à la passion de Notre-Seigneur Jésus-Christ, que le péché a causée; 3° au bonheur du ciel, dont le péché nous prive; 4° enfin aux peines de l'enfer, dont le péché nous rend dignes.

Que faut-il faire quand on est aux pieds du prêtre pour se confesser?

Quand on est aux pieds du prêtre pour se confesser, il faut faire le signe de la croix et demander au prêtre la bénédiction en disant : *Mon père, bénissez-moi, parce que j'ai péché;* réciter le *Confiteor* jusqu'à *mea culpa,* ou *Je me confesse,* jusqu'à *par ma faute;* dire depuis quel temps on ne s'est pas confessé; si l'on a reçu l'absolution et si l'on a fait sa pénitence; et déclarer tous ses péchés.

Quand on a déclaré tous ses péchés, que faut-il faire?

Quand on a déclaré tous ses péchés, il faut dire: *Mon Père, je m'accuse de tous les péchés que j'ai oubliés et de tous ceux que j'ai commis en toute ma vie; j'en demande très humblement pardon à Dieu, et à vous, mon Père, pénitence et absolution, si vous m'en jugez digne.* Puis on achève le *Confiteor* ou *Je me confesse;* et l'on écoute avec attention les avis et la pénitence que le confesseur donne.

---

1 Voir la formule de l'Examen de conscience, p. 37.

Que faut-il faire tandis que le prêtre donne l'absolution?

Tandis que le prêtre donne l'absolution, il faut avoir les mains jointes et la tête profondément inclinée, et se renouveler dans les sentiments de douleur de ses péchés, par un acte de contrition avec confiance en la bonté de Dieu.

Pratiques : 1° Tous les soirs, avant de se coucher, faire son examen de conscience. — 2° Se tenir avec respect et en silence à l'église, quand on attend son tour pour se confesser. — 3° Quand on n'a que des fautes vénielles à accuser, ajouter quelque faute grave de la vie passée, afin d'être plus sûr d'en avoir la contrition.

LEÇON XVII

DE LA SATISFACTION ET DES INDULGENCES

§ I. — De la satisfaction.

Qu'est-ce que la satisfaction?

La satisfaction est la réparation de l'injure que nos péchés ont faite à Dieu et du tort qu'ils ont causé au prochain.

Est-on obligé de satisfaire à Dieu après avoir reçu l'absolution de ses péchés?

Oui, on est obligé de satisfaire à Dieu, même après avoir reçu le pardon de ses péchés, parce que l'absolution remet bien les peines éternelles de l'enfer, mais elle ne nous dispense pas des peines temporelles, qu'il faut ordinairement subir en cette vie ou en l'autre.

Comment satisfait-on à Dieu?

On satisfait à Dieu par de bonnes œuvres, comme la prière, le jeûne, l'aumône, mais surtout par la pénitence que le confesseur impose.

Commet-on un péché quand on ne fait pas la pénitence imposée par le confesseur?

Oui, on commet un péché quand on omet volontairement cette pénitence, ou qu'on la diffère longtemps sans de graves raisons.

Ne pouvons-nous pas aussi satisfaire à Dieu par le travail et les peines de la vie?

Oui, nous pouvons aussi satisfaire à Dieu par le travail et les peines de la vie, pourvu que nous les supportions avec patience et résignation.

Comment satisfait-on au prochain?

On satisfait au prochain en réparant le tort qu'on lui a fait dans sa personne, son honneur ou ses biens, et en se réconciliant avec lui, si on l'a offensé.

§ II. — Des indulgences.

Quand on ne peut satisfaire entièrement à Dieu pour ses péchés, y a-t-il quelque moyen de suppléer à ce défaut?

Oui, on peut suppléer à ce défaut en gagnant les Indulgences accordées par l'Église.

Qu'est-ce que les Indulgences?

Les Indulgences sont la rémission de la peine temporelle due aux péchés déjà pardonnés, que l'Église nous accorde hors du sacrement de Pénitence.

Comment l'Église nous remet-elle cette peine temporelle par les Indulgences?

L'Église nous remet cette peine temporelle par les Indulgences, en nous appliquant les mérites surabondants de Notre-Seigneur, de la sainte Vierge et des Saints.

Qui a donné à l'Église le pouvoir d'accorder des Indulgences?

C'est Jésus-Christ qui a donné à l'Église le pouvoir d'accorder des Indulgences, quand il a dit à ses Apôtres : *Tout ce que vous délierez sur la terre sera délié dans le ciel.*

Combien y a-t-il de sortes d'Indulgences?

Il y a deux sortes d'Indulgences : l'Indulgence plénière et l'Indulgence partielle.

Qu'est-ce que l'Indulgence plénière?

L'Indulgence plénière est celle qui remet toute la peine temporelle due aux péchés pardonnés.

Qu'est-ce que l'Indulgence partielle?

L'Indulgence partielle est celle qui ne remet qu'une partie de la peine temporelle due aux péchés pardonnés.

Que faut-il faire pour gagner les Indulgences?

Pour gagner les Indulgences, il faut être en état de grâce et accomplir avec piété les œuvres prescrites par le Pape ou par l'Évêque qui accorde ces Indulgences.

Peut-on appliquer les Indulgences aux âmes du purgatoire?

Oui, on peut appliquer aux âmes du purgatoire la plupart des Indulgences, et c'est une pieuse pratique que l'Église nous recommande.

Pratiques : 1° Faire sans délai la pénitence imposée par le confesseur. — 2° Chaque matin offrir à Dieu le travail et les peines de la journée comme une expiation de ses fautes. — 3° Profiter avec soin de toutes les occasions de gagner des indulgences. — 4° Avoir dès le matin l'intention de gagner les indulgences attachées aux bonnes œuvres que l'on accomplira dans la journée.

Le prêtre faisant lés dernières onctions au malade.

LEÇON XVIII

DU SACREMENT DE L'EXTRÊME-ONCTION

Qu'est-ce que l'Extrême-Onction?

L'Extrême-Onction est un sacrement institué par Notre-Seigneur Jésus-Christ pour le soulagement spirituel et corporel des malades.

Quel est le soulagement spirituel que procure l'Extrême-Onction?

L'Extrême-Onction achève de nous purifier de nos pécnés, nous fortifie contre les tentations du démon à l'heure de la mort, et nous aide à mourir saintement.

Quel est le soulagement corporel que procure l'Extrême-Onction?

L'Extrême-Onction adoucit les souffrances des malades et leur rend même la santé du corps si Dieu le juge utile pour leur salut.

Serait-ce offenser Dieu que de négliger de recevoir ce sacrement quand on est en danger de mort?

Oui, ce serait offenser Dieu, parce qu'on s'exposerait à être damné en se privant des moyens que Dieu a établis pour mourir saintement.

Faut-il attendre qu'on soit à l'extrémité pour recevoir l'Extrême-Onction?

Non, il faut recevoir l'Extrême-Onction aussitôt que la maladie nous met en danger de mort, et avec connaissance, s'il se peut.

Dans quelles dispositions faut-il être pour bien recevoir l'Extrême-Onction?

Il faut, quand on le peut, se préparer à l'Extrême-Onction par le sacrement de Pénitence, et la recevoir avec des sentiments de contrition, de confiance en Dieu et de soumission à sa volonté.

Pratiques : 1° Prier nos parents et nos amis de nous avertir dès qu'ils sauront que nous sommes en danger de mort. — 2° Quand on voit administrer un malade, prier pour lui, et prendre la résolution de vivre chrétiennement afin de mourir saintement.

Jésus appelle ses Apôtres.

LEÇON XIX

DU SACREMENT DE L'ORDRE

Qu'est-ce que l'Ordre?

L'Ordre est un sacrement qui donne le pouvoir de remplir les fonctions ecclésiastiques et la grâce pour les exercer saintement.

Quels sont ceux qui peuvent donner le sacrement de l'Ordre?

Les Évêques seuls peuvent donner le sacrement de l'Ordre.

Quelles sont les dispositions nécessaires pour recevoir le sacrement de l'Ordre?

Pour recevoir le sacrement de l'Ordre, il faut être appelé de Dieu à l'état ecclésiastique, se proposer uniquement de travailler à la gloire de Dieu et au salut des âmes, et être en état de grâce.

Est-ce une grande grâce et un grand honneur d'être appelé à l'état ecclésiastique ?

Oui, c'est une grande grâce et un grand honneur d'être appelé à l'état ecclésiastique, parce que c'est le plus sublime et le plus saint de tous les états.

Quels sont les devoirs des parents en ce qui regarde ce sacrement ?

Les parents doivent laisser à leurs enfants une entière liberté pour le choix de ce saint état; ils se rendraient coupables s'ils les empêchaient d'y entrer; ils pécheraient également devant Dieu s'ils les y engageaient par des vues humaines.

Quels sont les devoirs des fidèles envers le prêtre ?

Les fidèles doivent au prêtre un profond respect à cause de son caractère sacré, une grande reconnaissance à cause des services qu'il rend à leurs âmes, et une docilité religieuse à cause de l'autorité dont il est revêtu.

Quels sont les devoirs des fidèles et des prêtres envers leur Évêque ?

Les fidèles et les prêtres doivent vénérer leur Évêque comme le représentant de Jésus-Christ, l'aimer comme leur père, prier pour lui et obéir à ses ordonnances.

Quels sont les devoirs des fidèles, des prêtres et des évêques envers le Souverain Pontife ?

Les fidèles, les prêtres et les évêques doivent reconnaître la suprême autorité du Souverain Pontife, lui obéir avec un respect et un amour filial comme au Pasteur des pasteurs, prier pour lui, et, dans les temps malheureux, subvenir à ses besoins.

Pratiques : 1° A l'époque des ordinations, c'est-à-dire aux Quatre-Temps, demander à Dieu qu'il donne de bons prêtres à son Église. — 2° Ne pas s'opposer à la vocation de ceux que Dieu appelle à l'état ecclésiastique ou à l'état religieux.

Mariage de la sainte Vierge et de saint Joseph.

LEÇON XX

DU SACREMENT DE MARIAGE

Qu'est-ce que le Mariage?

Le Mariage est un sacrement qui sanctifie l'union légitime de l'homme et de la femme, et leur donne les grâces nécessaires pour remplir les devoirs de leur état.

Le Mariage est-il indissoluble?

Oui, le Mariage est indissoluble, et il ne peut être rompu que par la mort de l'un des époux.

Que faut-il faire pour se marier validement?

Pour se marier validement, il faut n'être lié par aucun des empêchements qui annulent le mariage, et le contracter devant son curé et en présence de témoins.

Que doit-on penser des personnes qui ne sont mariées que civilement?

L'union des personnes qui ne sont mariées que civilement n'est pas légitime devant Dieu, parce qu'elle n'est pas faite suivant les lois de l'Église; et les personnes ainsi mariées sont dans l'habitude du péché mortel.

De quelle manière faut-il se disposer au sacrement du Mariage?

Pour se disposer au sacrement du Mariage, il faut prier, afin de connaître la volonté de Dieu, et s'y préparer ensuite par la réception des sacrements de Pénitence et d'Eucharistie.

Les mariages mixtes sont-ils permis?

Les mariages mixtes ne sont permis qu'avec une dispense de l'Église, et à la condition que la partie catholique aura toute liberté pour élever ses enfants dans sa religion.

Quels sont les principaux devoirs des époux.

Les époux doivent s'aimer chrétiennement, supporter avec patience leurs imperfections réciproques, et bien élever leurs enfants.

Y a-t-il un état plus parfait et plus agréable à Dieu que celui du mariage?

Oui, il y a un état plus parfait et plus agréable à Dieu que celui du mariage, c'est celui de la virginité chrétienne et du célibat religieux, parce qu'il est plus conforme à la pureté de Jésus-Christ et des Anges.

Pratiques : 1° Avant de s'engager dans l'état de mariage, examiner sérieusement devant Dieu si telle est sa volonté. — 2° Dans les alliances, chercher avant tout ce qui doit être le plus utile pour le salut des âmes. — 3° Ne pas laisser trop d'intervalle entre le contrat civil et le mariage religieux.

LEÇON SUPPLÉMENTAIRE

EXERCICES DU CHRÉTIEN OU MOYEN DE SANCTIFIER LA JOURNÉE

Quel est le moyen de sanctifier la journée?

Le moyen de sanctifier la journée est de régler toutes ses actions dans la vue de plaire à Dieu.

Que fait un bon chrétien à son réveil?

Un bon chrétien, à son réveil, fait le signe de la croix, en disant : Mon Dieu, je vous donne mon cœur et me consacre entièrement à votre service.

Comment faut-il se lever?

Il faut se lever avec promptitude et s'habiller avec modestie.

Que faut-il faire lorsqu'on est habillé?

Lorsqu'on est habillé, il faut se mettre à genoux et faire sa prière du matin.

Que faut-il faire après la prière du matin?

Après la prière du matin, il faut s'appliquer au travail selon son état et sa condition.

Dans quel esprit doit-on s'appliquer au travail?

Il faut s'appliquer au travail dans un esprit de pénitence et de soumission à la volonté de Dieu.

Comment un bon chrétien sanctifie-t-il ses repas?

Un bon chrétien fait une courte prière avant et après ses repas, et observe en mangeant les règles de la tempérance.

Quelle prière convient-il de faire, durant la journée, en l'honneur de la sainte Vierge?

Il convient de dire tous les jours l'*Angélus* le matin, à midi et le soir, au son de la cloche.

Quelles sont les règles à observer par rapport aux récréations et aux délassements?

Il y a deux règles principales à observer par rapport aux récréations et aux délassements : la première est de ne se livrer jamais qu'à des jeux honnêtes et permis ; la seconde, de ne pas les prolonger au delà du temps convenable.

Que faut-il éviter dans les conversations?

Il faut éviter, dans les conversations, de mal parler du prochain et de ne rien dire de contraire à la religion, à la vérité ou à la décence.

Si l'on était tenté d'offenser Dieu, que faudrait-il faire?

Si l'on était tenté d'offenser Dieu, il faudrait recourir à lui avec confiance, et lui demander la grâce de ne pas succomber à la tentation.

Si par malheur on succombait, devrait-on se décourager?

Non, si on succombait à la tentation, on ne devrait pas se décourager ; mais il faudrait à l'instant même demander pardon à Dieu, et prendre la résolution de se confesser au plus tôt.

S'il nous survenait quelque peine ou quelque affliction, que faudrait-il faire?

S'il nous survenait quelque peine ou quelque affliction, il faudrait l'accepter avec résignation et l'offrir à Dieu en esprit de pénitence.

Comment doit-on finir la journée?

On doit finir la journée par la prière du soir et l'examen de conscience.

Que faut-il faire en se couchant?

Il faut, en se couchant, se déshabiller modestement, prendre de l'eau bénite, faire le signe de la croix, et se recommander à Dieu.

Pratiques : 1° Offrir souvent à Dieu dans la journée ses actions et ses peines. — 2° Se rappeler le souvenir de la présence de Dieu avant ses actions et lorsqu'on entend sonner l'horloge.

Fête éternelle de la cour céleste.

QUATRIÈME PARTIE

DES PRINCIPALES FÊTES DE L'ANNÉE

ET DES SAINTS DU DIOCÈSE[1]

LEÇON PREMIÈRE

DE L'ANNÉE CHRÉTIENNE ET DES FÊTES EN GÉNÉRAL

Qu'entend-on par l'année chrétienne?

On entend par l'*année chrétienne* la succession des fêtes et des grandes époques religieuses que l'Église célèbre et sanctifie chaque année.

Pourquoi l'Église a-t-elle institué cette suite de fêtes et de grandes époques religieuses qui composent l'année chrétienne?

L'Église a institué cette suite de fêtes et de grandes époques religieuses qui composent l'année chrétienne pour donner plus de solennité au culte sacré, et pour nous instruire et nous sanctifier, en nous rappelant la vie et les exemples de Notre-Seigneur, de la sainte Vierge et des saints.

Comment se divise l'année chrétienne?

L'année chrétienne se divise en cinq périodes, savoir : le temps de l'Avent, le temps de Noël et de l'Épiphanie, le temps de la Septuagésime et du Carême, le temps pascal et les semaines qui s'écoulent depuis la Pentecôte jusqu'à l'Avent.

---

[1] Il est important que les Fidèles connaissent ce petit Abrégé. MM. les Curés auront soin dans les Catéchismes et dans les Prônes de faire des instructions sur ces divers sujets.

Quelles sont les principales fêtes de Notre-Seigneur ?

Les principales fêtes de Notre-Seigneur sont : Noël, la Circoncision, l'Épiphanie, la Présentation au Temple, Pâques et l'Ascension, qui sont suivies de la Pentecôte, de la Trinité et de la Fête-Dieu.

LEÇON II

DE L'AVENT ET DE LA FÊTE DE NOEL

Qu'est-ce que l'Avent ?

L'Avent est un temps consacré à se préparer à la fête de Noël. Il dure quatre semaines.

Que nous représentent les quatre semaines de l'Avent ?

Les quatre semaines de l'Avent nous représentent les quatre mille années pendant lesquelles le monde a attendu la venue du Sauveur.

Que faut-il faire pour sanctifier le temps de l'Avent ?

Pour sanctifier le temps de l'Avent, il faut se préparer à la fête de Noël par de ferventes prières, par des œuvres de charité et de pénitence, et surtout par une bonne confession.

Qu'est-ce que Noël ?

Noël est une grande fête instituée par l'Église pour célébrer la naissance de Notre-Seigneur Jésus-Christ.

Pourquoi chaque prêtre dit-il trois Messes le jour de Noël ?

Chaque prêtre dit trois messes le jour de Noël pour honorer les trois naissances de Notre-Seigneur Jésus-Christ ; sa naissance *éternelle* dans le sein de Dieu, son Père ; sa naissance *temporelle* dans l'étable de Bethléhem ; sa naissance *spirituelle* dans nos cœurs par la sainte communion.

Pourquoi célèbre-t-on une Messe à minuit ?

On célèbre une Messe à minuit pour nous rappeler que Notre-Seigneur Jésus-Christ voulut naître à minuit dans l'étable de Bethléhem.

Est-on obligé d'entendre les trois Messes du jour de Noël ?

Il est très bon d'entendre les trois Messes du jour de Noël ; mais on n'est obligé d'en entendre qu'une seule.

Que faut-il faire pour célébrer dignement la fête de Noël ?

Il faut, le jour de Noël, adorer le Fils de Dieu dans sa crèche, le remercier de s'être fait homme et petit enfant par amour pour nous, et le faire naître dans nos cœurs par la sainte communion.

LEÇON III

DE LA CIRCONCISION ET DE L'ÉPIPHANIE

Qu'est-ce que la fête de la Circoncision ?

La fête de la Circoncision est le jour où Jésus-Christ commença à verser son sang pour nous, et reçut le nom de Jésus. Ce fut huit jours après sa naissance ; c'est aussi le premier jour de l'année.

Que devons-nous faire en commençant la nouvelle année ?

Il faut, au commencement de la nouvelle année, remercier Dieu des grâces qu'il nous a accordées pendant l'année écoulée; lui demander pardon des fautes dont nous nous sommes rendus coupables, et prendre la résolution de le mieux servir durant l'année qui commence.

Qu'est-ce que l'Épiphanie ?

L'Épiphanie est une fête que l'Église célèbre le 6 janvier, pour honorer le mystère de Notre-Seigneur manifesté aux nations et adoré par les Mages.

Qu'étaient les Mages ?

Les Mages étaient des princes de l'Orient, qui vinrent, guidés par une étoile miraculeuse, adorer Notre-Seigneur dans sa crèche, et lui offrir leurs présents.

Quels présents offrirent les Mages à Notre-Seigneur ?

Les Mages offrirent à Notre-Seigneur de l'or comme à un roi, de l'encens comme à un Dieu, et de la myrrhe comme à un homme mortel.

Dans quelles dispositions devons-nous célébrer la fête de l'Épiphanie ?

Nous devons, le jour de l'Épiphanie, suivre les Mages à la crèche, offrir aussi à l'enfant Jésus les présents de notre cœur, et le remercier de l'inestimable don de la foi.

LEÇON IV

DE LA PRÉSENTATION DE NOTRE-SEIGNEUR AU TEMPLE

Quel jour célèbre-t-on la fête de la Présentation de Notre-Seigneur au Temple ?

On célèbre la fête de la Présentation de Notre-

Seigneur au Temple le 2 février, quarante jours après Noël.

Pourquoi Notre-Seigneur fut-il présenté au Temple?

Notre-Seigneur fut présenté au Temple pour obéir à la loi de Moïse, qui commandait d'offrir à Dieu et de racheter les premiers-nés le quarantième jour après leur naissance.

Notre-Seigneur était-il obligé d'obéir à cette loi?

Non, Notre-Seigneur n'était pas obligé d'obéir à cette loi, puisqu'il était Dieu et souverain législateur; mais il a voulu l'accomplir, pour nous donner l'exemple de l'humilité et de l'obéissance.

Pourquoi appelle-t-on aussi la fête de la Présentation de Notre-Seigneur la Chandeleur.

On appelle la fête de la Présentation de Notre-Seigneur la *Chandeleur,* à cause des cierges qu'on bénit en ce jour et qu'on porte à la procession, pour nous rappeler que Jésus-Christ est la *lumière du monde.*

LEÇON V

DE LA SEPTUAGÉSIME ET DES ORAISONS DES QUARANTE HEURES

Qu'est-ce qu'on appelle le temps de la Septuagésime?

On appelle le temps de la Septuagésime la durée des trois semaines qui précèdent immédiatement le Carême.

Qu'y a-t-il de particulier durant ce temps dans les offices de l'Église?

Durant ce temps, il y a cela de particulier dans

les offices de l'Église, qu'on y retranche les chants de joie, comme *Alleluia, Gloria in excelsis, Te Deum*, et que l'on prend les ornements de la pénitence.

Que faut-il faire durant ce temps pour se conformer à l'esprit de l'Église?

L'esprit de l'Église durant ce temps étant un esprit de pénitence, il faut, pour s'y conformer, s'appliquer davantage aux exercices de piété et fuir les divertissements et les assemblées profanes.

Qu'entendez-vous par les Oraisons des quarante heures?

J'entends par les Oraisons des quarante heures des prières publiques, durant lesquelles le saint Sacrement est exposé et entouré de fervents adorateurs.

Pourquoi les Oraisons des quarante heures sont-elles fixées ordinairement aux derniers jours du carnaval?

Les Oraisons des quarante heures sont fixées à ce temps pour détourner les fidèles des coupables excès de ces mauvais jours et les porter à faire amende honorable à Jésus-Christ pour les outrages qu'il reçoit.

Que doivent faire les fidèles pendant les Oraisons des quarante heures?

Pendant les Oraisons des quarante heures, les fidèles doivent, autant qu'ils le peuvent, s'associer à l'adoration du très saint Sacrement, assister aux offices et gagner l'indulgence plénière attachée à cette pieuse dévotion.

LEÇON VI

DU CARÊME

Qu'est-ce que le Carême?

Le Carême est un jeûne de quarante jours, observé dans l'Église depuis les temps apostoliques.

Pourquoi le Carême a-t-il été établi?

Le Carême a été établi pour honorer le jeûne de Jésus-Christ dans le désert, pour nous faire expier nos fautes par la pénitence, et pour nous préparer à célébrer dignement la fête de Pâques.

Pourquoi l'Église met-elle des cendres sur nos fronts le premier jour du Carême?

L'Église met des cendres sur nos fronts le premier jour du Carême pour nous rappeler le souvenir de la pénitence publique qu'elle imposait autrefois aux pécheurs, et pour nous exciter à l'expiation de nos fautes par la pensée de la mort rappelée dans ces paroles que le prêtre adresse à chaque fidèle : *Souviens-toi, ô homme! que tu es poussière et que tu retourneras en poussière.*

Que faut-il faire pour passer saintement le Carême?

Pour passer saintement le Carême, il faut, à moins d'empêchement légitime, observer le jeûne et l'abstinence prescrits par l'Église; donner plus de temps à la prière et aux bonnes œuvres; entendre le plus souvent qu'on peut la sainte Messe et la parole de Dieu, et se préparer de bonne heure par la confession à la communion pascale.

LEÇON VII

DE LA SEMAINE SAINTE

Qu'est-ce que la semaine sainte?

La semaine sainte est la dernière semaine du Carême; elle est appelée *sainte* à cause des grands et saints mystères qu'on y célèbre.

Quels mystères célèbre-t-on pendant la semaine sainte?

On célèbre pendant la semaine sainte l'entrée triomphante de Notre-Seigneur à Jérusalem, l'institution de la sainte Eucharistie, la passion et la mort du Sauveur, et sa sépulture.

Quel jour célèbre-t-on l'entrée triomphante de Notre-Seigneur à Jérusalem?

C'est le dimanche des Rameaux qu'on célèbre l'entrée triomphante de Notre-Seigneur à Jérusalem, et, en souvenir de ce triomphe, on fait ce jour-là une procession spéciale, dans laquelle on porte à la main des rameaux bénits.

Quels sentiments devons-nous avoir pour Notre-Seigneur le dimanche des Rameaux?

Le dimanche des Rameaux, nous devons adorer Notre-Seigneur comme notre roi, le prier de faire son entrée dans nos cœurs, et d'y régner à jamais.

Quel jour célèbre-t-on l'institution de la sainte Eucharistie?

On célèbre l'institution de la sainte Eucharistie le jeudi saint, qui est le jour où Notre-Seigneur l'a instituée, en même temps qu'il instituait le sacerdoce et le saint sacrifice de la Messe.

Sur quoi devons-nous méditer le jeudi saint?

Nous devons méditer le jeudi saint sur le grand amour que Notre-Seigneur nous a témoigné en instituant l'Eucharistie.

Quel jour célèbre-t-on la passion et la mort de Notre-Seigneur?

On célèbre la passion et la mort de Notre-Seigneur le vendredi saint.

Comment devons-nous passer le grand jour du vendredi saint?

Nous devons, le vendredi saint, unir notre douleur à celle de l'Église, et assister autant que possible aux offices de ce jour et à la prédication de la passion.

Quel jour l'Église honore-t-elle la sépulture de Notre-Seigneur?

L'Église honore la sépulture de Notre-Seigneur le samedi saint.

Quelles sont les principales cérémonies que fait l'Église le samedi saint?

Les principales cérémonies du samedi saint sont la bénédiction du feu nouveau, du cierge pascal et de l'eau baptismale.

Quelles doivent être nos pensées le samedi saint?

Nous devons, le samedi saint, suivre en esprit les saintes femmes au tombeau du Sauveur, y ensevelir nos péchés par la pénitence, et demander à Notre-Seigneur de ressusciter avec lui dans une vie éternelle.

LEÇON VIII

DE LA FÊTE DE PAQUES

Qu'est-ce que la fête de Pâques?

La fête de Pâques, qui est la plus solennelle des

fêtes de l'année, est le jour de la résurrection de Notre-Seigneur.

Pourquoi célébrons-nous la fête de Pâques d'une manière si solennelle?

Nous célébrons la fête de Pâques d'une manière si solennelle parce que la résurrection de Notre-Seigneur est pour lui et pour nous le plus glorieux de tous les mystères.

Comment la résurrection est-elle le plus glorieux de tous les mystères pour Notre-Seigneur?

La résurrection est le plus glorieux de tous les mystères pour Notre-Seigneur, parce qu'elle a confirmé tous ses miracles et donné la preuve la plus éclatante de sa divinité et de la vérité de notre sainte religion.

Comment la résurrection de Notre-Seigneur est-elle aussi le mystère le plus glorieux pour nous?

La résurrection de Notre-Seigneur est aussi le mystère le plus glorieux pour nous parce qu'elle est le triomphe de notre foi à la divinité de Jésus-Christ, et le gage assuré de notre résurrection future.

Avec quelles dispositions faut-il célébrer la fête de Pâques?

Il faut célébrer la fête de Pâques avec la sainte joie d'une âme purifiée par le sacrement de Pénitence, détachée du péché, unie à Jésus-Christ par la sainte Communion, et résolue à ne plus vivre que pour Dieu.

LEÇON IX

DE LA PROCESSION DE SAINT MARC ET DES ROGATIONS

Pourquoi fait-on des processions le jour de saint Marc et les trois jours des Rogations?

On fait des processions le jour de saint Marc et les trois jours des Rogations pour détourner la colère de Dieu de dessus son peuple, et le prier de bénir les fruits de la terre qui commencent à croître à cette époque.

Avons-nous besoin d'apaiser la colère de Dieu?

Oui, nous avons besoin d'apaiser la colère de Dieu, parce que les scandales se multiplient, que le luxe et le désordre se répandent dans toutes les conditions, et qu'on méprise les lois de Dieu et de l'Église.

Comment les processions servent-elles à apaiser la colère de Dieu?

Les processions servent à apaiser la colère de Dieu parce qu'elles sont une pénitence publique.

Dans quel esprit faut-il assister aux processions des Rogations?

Il faut assister aux processions des Rogations avec modestie, dans un esprit de pénitence, prier pour les besoins de l'Église, pour la conservation des fruits de la terre, et demander à Dieu les grâces qui nous sont nécessaires.

LEÇON X

DE LA FÊTE DE L'ASCENSION

Qu'est-ce que la fête de l'Ascension?

La fête de l'Ascension est le jour où Notre-Seigneur est monté aux cieux.

Comment eut lieu l'Ascension de Notre-Seigneur?

Quarante jours après sa résurrection, Notre-Seigneur conduisit ses Apôtres sur la montagne des Oliviers, et leur dit ces paroles : *Comme mon Père m'a envoyé, je vous envoie : allez, enseignez toutes les nations.* Puis, ayant élevé les mains, il les bénit; et aussitôt il s'éleva peu à peu dans les airs, à la vue des Apôtres et d'un grand nombre de ses disciples, jusqu'à ce qu'une nuée l'eût dérobé à leurs regards.

Que firent les Apôtres après l'Ascension de Notre-Seigneur?

Les Apôtres, après l'Ascension de Notre-Seigneur, se retirèrent avec la sainte Vierge à Jérusalem, dans le cénacle, pour y attendre dans la retraite et la prière la venue du Saint-Esprit, qui leur avait été promis par Notre-Seigneur.

Quelles doivent être nos pensées le jour de l'Ascension?

Le jour de l'Ascension, nous devons nous souvenir que le ciel est notre véritable patrie, et nous consoler, au milieu des peines de cette vie, par l'espérance du bonheur éternel.

LEÇON XI

DE LA PENTECÔTE ET DE LA TRINITÉ

Qu'est-ce que la Pentecôte?

La Pentecôte, qui est la plus grande fête après celle de Pâques, se célèbre le dixième jour après l'Ascension, en mémoire de celui où Notre-Seigneur envoya le Saint-Esprit à ses Apôtres.

Quelles furent les circonstances qui accompagnèrent la venue du Saint-Esprit?

La venue du Saint-Esprit fut annoncée par un bruit éclatant, comme celui d'un vent impétueux; et ce divin Esprit se reposa en forme de langues de feu sur chacun de ceux qui étaient réunis dans le cénacle.

Quels effets le Saint-Esprit produisit-il sur les Apôtres?

Le Saint-Esprit donna aux Apôtres le don de faire des miracles et de parler diverses langues, et les remplit de force pour annoncer Jésus-Christ par toute la terre.

Que devons-nous faire le jour de la Pentecôte?

Le jour de la Pentecôte, nous devons adorer le Saint-Esprit, le remercier des grâces qu'il ne cesse d'accorder à l'Église, et lui demander pour nous-mêmes un cœur pur et docile à ses inspirations.

Pourquoi l'Église a-t-elle institué la fête de la sainte Trinité?

L'Église a institué la fête de la sainte Trinité pour honorer d'une manière toute spéciale le mystère d'un Dieu en trois personnes.

Que devons-nous faire pour honorer le mystère de la sainte Trinité?

Pour honorer le mystère de la sainte Trinité,

nous devons ranimer dans nos cœurs la foi à ce grand mystère d'un seul Dieu en trois personnes, faire toujours avec respect le signe de la croix, et remercier le Père de nous avoir créés, le Fils de nous avoir rachetés, et le Saint-Esprit de nous avoir sanctifiés.

LEÇON XII

DE LA FÊTE-DIEU

Qu'est-ce que la Fête-Dieu?

La Fête-Dieu, qu'on appelle aussi la fête du très saint Sacrement, est une solennité établie pour honorer la présence de Notre-Seigneur Jésus-Christ au milieu de nous dans la sainte Eucharistie.

Pourquoi l'Eucharistie est-elle appelée le très saint Sacrement?

L'Eucharistie est appelée le très saint Sacrement parce qu'elle est le plus grand et le plus saint des sacrements, et qu'elle contient non seulement la grâce, mais l'Auteur même de la grâce.

Pourquoi l'Église a-t-elle institué les processions du très saint Sacrement?

L'Église a institué les processions du très saint Sacrement pour rendre des hommages publics et solennels à Notre-Seigneur Jésus-Christ présent dans l'adorable Eucharistie, et pour manifester avec éclat notre foi à ce grand mystère.

Que devons-nous faire pour bien célébrer la fête et l'octave du très saint Sacrement?

Pour bien célébrer la fête et l'octave du très

saint Sacrement, il faut s'exciter à une foi vive en la présence réelle de Notre-Seigneur dans l'Eucharistie ; décorer aussi bien qu'on le peut les maisons et les rues sur le parcours de la procession ; suivre cette procession avec piété, et, si on le peut, assister tous les jours de l'octave à la Messe et à la bénédiction du saint Sacrement.

LEÇON XIII

DE LA FÊTE DU SACRÉ CŒUR DE JÉSUS

Qu'est-ce que la fête du sacré Cœur de Jésus ?

La fête du sacré Cœur de Jésus est une fête instituée pour rendre hommage au Cœur de Notre-Seigneur et honorer son grand amour envers les hommes.

Comment l'amour de Notre-Seigneur envers les hommes est-il spécialement honoré par la fête du sacré Cœur ?

L'amour de Notre-Seigneur envers les hommes est spécialement honoré par la fête du sacré Cœur, parce que le cœur est tout à la fois l'organe et le symbole de l'amour.

L'Église ne se propose-t-elle pas encore un autre but dans la fête du sacré Cœur ?

L'Église se propose encore dans la fête du sacré Cœur de faire amende honorable à Notre-Seigneur pour le dédommager de l'ingratitude et des outrages des hommes.

Adorons-nous le Cœur de Jésus ?

Oui, nous adorons le Cœur de Jésus, parce qu'il est inséparablement uni à sa divinité.

La Vierge-Mère présentant au monde le Sauveur promis.

LEÇON XIV

DES FÊTES DE LA SAINTE VIERGE

Quelles sont les principales fêtes de la sainte Vierge ?

Les principales fêtes de la sainte Vierge sont : l'Immaculée Conception, la Nativité, la Présentation, l'Annonciation, la Visitation, la Purification, la Compassion et l'Assomption.

Pourquoi l'Église a-t-elle institué ces fêtes ?

L'Église a institué ces fêtes pour honorer les vertus et les prérogatives de la sainte Vierge, et pour implorer sa puissante protection auprès de Dieu.

Qu'est-ce que la fête de l'Immaculée Conception (8 décembre) ?

La fête de l'Immaculée Conception est un jour

consacré à honorer le privilège divin qui préserva la sainte Vierge de la tache originelle.

Qu'est-ce que la Nativité (8 septembre)?

La Nativité est une fête établie pour honorer la naissance de la Vierge pleine de grâce.

Qu'est-ce que la fête de la Présentation (21 novembre)?

La Présentation est le jour qui rappelle la consécration que la sainte Vierge fit à Dieu d'elle-même dans le temple de Jérusalem par le vœu de virginité perpétuelle.

Qu'est-ce que l'Annonciation (25 mars)?

L'Annonciation est la fête qui rappelle à notre piété le jour où l'archange Gabriel annonça à la sainte Vierge qu'elle avait été choisie pour être la Mère de Dieu ; c'est alors que s'accomplit le mystère de l'Incarnation.

Qu'est-ce que la Visitation (2 juillet)?

La Visitation est une fête instituée en l'honneur de la visite que Marie fit à sa cousine sainte Élisabeth, pour la féliciter de la faveur que le Ciel lui avait accordée.

Qu'est-ce que la Purification (2 février)?

La Purification est une fête instituée pour honorer l'obéissance et l'humilité de Marie allant au Temple offrir l'Enfant Jésus et se soumettre aux prescriptions de la loi de Moïse.

Qu'est-ce que la Compassion (vendredi avant les Rameaux)?

La Compassion, appelée aussi la fête des *Sept Douleurs de Marie,* est le jour qui nous retrace les angoisses inexprimables que la sainte Vierge ressentit durant la passion de son divin Fils, et nous fait compatir à la dévotion de cette tendre Mère.

Qu'est-ce que l'Assomption (15 août) ?

L'Assomption, qui est la plus glorieuse des fêtes de la sainte Vierge, est le jour où nous célébrons son entrée triomphante dans le ciel en corps et en âme.

LEÇON XV

DE QUELQUES PRATIQUES DE DÉVOTION ENVERS LA SAINTE VIERGE

Quelles sont les principales pratiques de dévotion envers la sainte Vierge ?

Les principales pratiques de dévotion envers la sainte Vierge sont : le saint Rosaire ; le Chapelet, qui est la troisième partie du Rosaire ; le Scapulaire et la Médaille miraculeuse ; les Pèlerinages à ses sanctuaires, et enfin le mois de Marie.

Qu'est-ce qu'un pèlerinage ?

Un pèlerinage est un pieux voyage, une visite à quelque sanctuaire célèbre par les grâces que la bonté de Dieu se plaît à y accorder en vue des mérites de Notre-Seigneur et par l'intercession de la sainte Vierge ou des Saints.

Qu'est-ce que le mois de Marie ?

Le mois de Marie est un mois consacré à honorer tous les jours la sainte Vierge par certains exercices de piété.

Que faut-il faire pour sanctifier le mois de Marie ?

Pour sanctifier le mois de Marie, il faut honorer chaque jour la sainte Vierge par quelque pratique particulière ; la prier avec plus de ferveur ; s'appliquer plus spécialement à imiter ses vertus, et, si on le peut, assister tous les soirs aux exercices qui se font dans l'église paroissiale.

LEÇON XVI

DES ANGES GARDIENS, DES SAINTS PATRONS ET DE TOUS LES SAINTS EN GÉNÉRAL

Qu'est-ce que les saints Anges gardiens (2 octobre)?

Les saints Anges gardiens sont les Esprits célestes à qui Dieu a confié la mission de veiller sur chacun de nous.

Quels services nous rend notre Ange gardien?

Notre Ange gardien prie pour nous, offre à Dieu nos bonnes actions, nous soutient dans nos épreuves et nous protège dans nos périls.

Que devons-nous faire pour honorer notre Ange gardien?

Pour honorer notre Ange gardien, nous devons être pénétrés d'un grand respect pour sa présence, suivre fidèlement ses inspirations et le prier matin et soir.

Qu'entendez-vous par les saints Patrons?

J'entends par les saints Patrons les saints qui ont été donnés pour protecteurs au diocèse, à la paroisse et à chaque fidèle.

Devons-nous honorer particulièrement les saints Patrons?

Oui, nous devons honorer tout particulièrement notre saint Patron, le Patron de notre paroisse et celui de notre diocèse, en célébrant leur fête avec piété et en les priant fréquemment d'être nos protecteurs auprès de Dieu.

Pourquoi l'Église a-t-elle institué des fêtes en l'honneur des saints ?

L'Église a institué des fêtes en l'honneur des saints pour remercier Dieu des grâces qu'il leur a faites, et nous porter à leur rendre le culte que nous leur devons.

L'Église a-t-elle établi quelque fête générale en l'honneur de tous les saints ?

Oui, l'Église, pour fêter tous les saints dans un même jour, a établi une fête, qu'on appelle *la Toussaint,* et qui se célèbre solennellement le 1er novembre.

Pourquoi l'Église a-t-elle établi cette fête de la Toussaint ?

L'Église a établi la fête de la Toussaint : 1° pour honorer tous les saints, dont un grand nombre n'ont point de fête spéciale dans le cours de l'année; 2° pour nous exciter à la pratique de la vertu en nous rappelant la gloire dont les saints jouissent dans le ciel.

Pourquoi l'Église a-t-elle fixé la Commémoration des morts au lendemain de la Toussaint ?

L'Église a fixé la Commémoration des morts au lendemain de la Toussaint pour nous montrer l'union qui existe entre l'Église triomphante, l'Église militante et l'Église souffrante, qui ne font en réalité qu'un seule Église.

LEÇON XVII

DE LA FÊTE DE LA DÉDICACE DES ÉGLISES

Qu'est-ce que la fête de la Dédicace?

La fête de la Dédicace est une solennité qui rappelle le jour où nos églises ont été consacrées au culte divin.

Pourquoi la fête de la Dédicace a-t-elle été instituée?

La fête de la Dédicace a été instituée afin de nous inspirer un grand respect pour nos églises, dans lesquelles Notre-Seigneur Jésus-Christ réside sacramentellement, et où s'accomplissent tous les jours les grands mystères de la religion.

La Dédicace ne nous rappelle-t-elle pas autre chose?

La Dédicace nous rappelle encore que nos corps sont aussi les temples de l'Esprit-Saint, et qu'ils ont été consacrés à Dieu par le saint baptême.

Quelles résolutions devons-nous prendre le jour de la Dédicace?

Le jour de la Dédicace, nous devons prendre la résolution d'avoir un grand respect pour nos églises; d'aider selon nos ressources à leur construction et à leur embellissement, et d'éviter avec soin tout ce qui pourrait souiller ces autres temples de l'Esprit-Saint qui sont nos corps et nos âmes.

LEÇON XVIII

DES SAINTS DU DIOCÈSE

Quels sont les saints auxquels nous devons, dans le diocèse d'Agen, un culte particulier?

Les saints auxquels nous devons, dans le diocèse d'Agen, un culte particulier, sont : d'abord le saint patron du diocèse; et ensuite les saints qui ont vécu ou qui sont morts dans le pays que nous habitons.

Quel est le patron du diocèse d'Agen?

Le patron du diocèse d'Agen est saint Étienne, diacre et premier martyr, qui fut lapidé par les Juifs aux portes de Jérusalem.

Quel jour se célèbre la fête de saint Étienne?

La fête de saint Étienne se célèbre dans toute l'Église le lendemain de Noël (26 décembre).

Célèbre-t-on quelque autre fête en l'honneur de saint Étienne?

Oui, l'Église célèbre, le 3 août, la fête de l'*Invention du corps de saint Étienne*, en mémoire de la découverte miraculeuse de ce corps, au commencement du ve siècle.

Y a-t-il encore une troisième fête en l'honneur de saint Étienne?

Oui, on célèbre encore, le 7 mai, dans le diocèse d'Agen, la fête de la *Translation des reliques de saint Étienne* à Rome.

Quels sont les saints particuliers au diocèse d'Agen?

Les saints particuliers au diocèse d'Agen sont : saint Caprais, saint Phébade, saint Dulcide, saint

Vincent, saint Maurin, saint Antoine de Lyaroles, saint Prime et saint Félicien, sainte Foi, sainte Alberte, et sainte Libérate ou sainte Livrade.

SAINT CAPRAIS (20 OCTOBRE)

Qu'était-ce que saint Caprais?

Saint Caprais est le premier évêque connu de l'Église d'Agen. Il vivait à la fin du IIIe siècle et au commencement du IVe.

Que fit saint Caprais durant la persécution de Dacien?

Durant la persécution de Dacien, saint Caprais se retira, avec une partie de ses fidèles dans un creux du rocher qui domine la ville.

Comment Dieu fit-il connaître à saint Caprais qu'il devait endurer le martyre?

Saint Caprais, apercevant sainte Foi étendue sur un gril ardent, pria Dieu de lui faire connaître par un signe extraordinaire s'il devait lui aussi affronter la mort. Aussitôt une fontaine jaillit du rocher, et saint Caprais, descendant de la montagne, alla se livrer aux bourreaux, qui lui tranchèrent la tête.

A quelle époque arriva le martyre de saint Caprais?

On croit généralement que saint Caprais souffrit le martyre vers l'an 303.

Existe-t-il quelque relique insigne de saint Caprais?

La tête de saint Caprais est conservée avec une pieuse vénération à Agen, dans l'église qui porte son nom et qui est aujourd'hui l'église cathédrale.

SAINT PHÉBADE (26 AVRIL)

Dites-nous ce qu'était saint Phébade?

Saint Phébade était évêque d'Agen vers le milieu du IVe siècle. Il fut, à cette époque, une des grandes lumières des Gaules et un des plus fermes soutiens de la foi catholique.

N'y a-t-il pas eu autrefois, dans la ville d'Agen, une église dédiée à saint Phébade?

Oui, il y avait autrefois, dans la ville d'Agen, une magnifique église dédiée à saint Phébade; mais au XVIe siècle les huguenots l'ayant profanée en y prêchant leurs sacrilèges doctrines, les fidèles la démolirent en haine de l'hérésie.

Y a-t-il encore dans la ville d'Agen quelque monument qui rappelle saint Phébade?

Une rue de la ville porte encore le nom qu'on donnait autrefois à saint Phébade dans la langue vulgaire, la rue *Saint-Fiary,* et le grand séminaire est placé sous son vocable.

Où est conservé le corps de saint Phébade?

Le corps de saint Phébade est conservé dans l'église paroissiale de Vénerque, au diocèse de Toulouse. La cathédrale d'Agen n'en possède que quelques fragments.

SAINT DULCIDE (16 OCTOBRE)

Quel fut le successeur de saint Phébade sur le siège d'Agen?

Le successeur de saint Phébade fut son disciple saint Dulcide.

Quel honneur saint Dulcide rendit-il aux saints martyrs d'Agen?

Saint Dulcide fit bâtir une église en l'honneur de

sainte Foi, et il y transporta le corps de la jeune martyre avec ceux de plusieurs autres saints; il transporta aussi le corps de saint Caprais dans une autre église qui existait déjà.

Où trouve-t-on le corps de saint Dulcide?

Le corps de saint Dulcide est conservé à Chamberet en Limousin, dans le diocèse de Tulle, où il est en grande vénération sous le nom de saint Dulcet.

SAINT VINCENT (9 JUIN).

Dites-nous ce qu'était saint Vincent?

Saint Vincent, disciple de saint Caprais, était diacre. Quelques historiens ont prétendu qu'il était évêque, et qu'il succéda à saint Caprais sur le siège d'Agen.

Quelle fut la cause du martyre de saint Vincent?

C'est parce que saint Vincent était devenu redoutable aux adorateurs des faux dieux par ses prédications et par ses miracles, qu'après lui avoir fait subir les plus horribles traitements ils lui tranchèrent la tête.

Connaît-on d'une manière bien précise le lieu où saint Vincent a souffert le martyre?

Saint Vincent fut martyrisé en un lieu appelé *Vellanum*, et son corps, après avoir été longtemps caché, fut enfin découvert et transporté dans l'église de *Pompéjac*. Mais on ne s'accorde pas sur l'emplacement de *Vellanum* et de *Pompéjac*, que les uns placent aux environs d'Agen et les autres au Mas d'Agenais.

Où sont conservées les reliques de saint Vincent?

Les reliques de saint Vincent sont à Conques, dans le diocèse de Rodez.

SAINT MAURIN (26 NOVEMBRE)

Savez-vous ce qu'était saint Maurin?

Saint Maurin, issu d'une illustre famille d'Agen, était diacre et vivait au commencement du VIe siècle. Il fut élevé par saint Germain, évêque de Capoue, à qui ses parents l'avaient confié, parce que l'Église d'Agen avait été privée de son pasteur par la fureur des hérétiques.

Dans quelle ville saint Maurin fut-il martyrisé?

Saint Maurin fut martyrisé à Lectoure, où il était allé prêcher pour convertir les ariens.

Connaît-on quelques circonstances particulières du martyre de saint Maurin?

Le gouverneur de Lectoure fit d'abord attacher saint Maurin à un poteau pour être criblé de flèches; puis il le plaça sur un bûcher enflammé; et, comme ni les flèches ni les flammes ne l'atteignaient, il lui fit trancher la tête d'un coup de hache.

SAINT ANTOINE DE LYAROLES (2 SEPTEMBRE)

Quelle fut la vie de saint Antoine de Lyaroles?

Saint Antoine de Lyaroles était né au commencement du VIe siècle, d'une illustre famille agenaise. Il quitta de bonne heure la carrière des armes pour aller vivre, au fond des déserts, de la vie des anachorètes.

Saint Antoine de Lyaroles continua-t-il ce genre de vie jusqu'à sa mort?

Saint Antoine de Lyaroles se laissa vaincre par les instances de ses parents, qui le pressaient de retourner auprès d'eux. En rentrant à Agen, il révéla sa sainteté par un éclatant miracle, qui déchaîna contre lui la fureur des hérétiques et lui valut la palme du martyre.

Savez-vous où est le corps de saint Antoine de Lyaroles?

Le corps de saint Antoine de Lyaroles est dans le diocèse d'Auch, non loin de Condom, en un lieu qu'on a appelé *Lyaroles*, du nom du saint. Il repose sous l'autel même de l'église.

SAINT PRIME ET SAINT FÉLICIEN (7 OCTOBRE)

Qu'étaient saint Prime et saint Félicien?

Saint Prime et saint Félicien étaient deux frères qui vivaient au temps de saint Caprais.

Qu'est-ce qui valut à saint Prime et à saint Félicien la palme du martyre?

Saint Prime et saint Félicien, voyant mettre à mort saint Caprais, se présentèrent hardiment devant les persécuteurs et confessèrent le nom de Jésus-Christ; et comme ils refusèrent de sacrifier aux idoles, ils furent mis à mort, après avoir enduré d'horribles tortures.

Que devinrent les corps de saint Prime et de saint Félicien?

Les corps de saint Prime et de saint Félicien furent pieusement ensevelis par les fidèles. Mais au ve siècle, saint Dulcide les déposa dans l'église qu'il venait de bâtir en l'honneur de sainte Foi.

Les corps de saint Prime et de saint Félicien restèrent-ils dans l'église de Sainte-Foi?

Non, les corps de saint Prime et de saint Félicien furent transportés plus tard à l'abbaye de Beaulieu, dans le Limousin. C'est de là qu'une partie des reliques de saint Félicien passèrent dans la suite au monastère d'Issigeac, en Périgord.

SAINTE FOI (6 OCTOBRE)

Qu'est-ce que l'histoire nous raconte de sainte Foi?

Sainte Foi naquit à Agen, d'une famille noble, mais païenne. Élevée dans la religion chrétienne par les soins d'une pieuse nourrice, elle pratiqua dès son enfance les plus admirables vertus, et subit le martyre à l'âge de douze ou treize ans.

Quel fut le genre de martyre enduré par sainte Foi?

Sainte Foi fut d'abord étendue sur un gril embrasé; mais son corps n'éprouva aucune atteinte du feu.

Vit-on quelque prodige extraordinaire pendant le martyre de sainte Foi?

Tandis que sainte Foi était étendue sur le gril embrasé, on vit sur sa tête une couronne ornée de riches pierreries; en même temps une colombe, descendant du ciel, vint étendre ses ailes sur le corps de la jeune martyre, et il tomba une pluie légère qui éteignit les flammes du bûcher.

Comment mourut sainte Foi?

Conduite au temple de Diane, elle refusa de sacrifier aux idoles, et elle fut massacrée avec une multitude de chrétiens.

Dites-nous ce que devint le corps de sainte Foi?

Le corps de sainte Foi fut recueilli par les chrétiens et tenu caché jusqu'à la fin de la persécution. Plus tard, saint Dulcide le transporta solennellement dans une église qu'il avait fait bâtir en l'honneur de la jeune martyre.

Le corps de sainte Foi resta-t-il toujours à Agen?

Non, le corps de sainte Foi ne resta pas toujours à Agen. Vers la fin du IXe siècle on le transporta à l'abbaye de Conques, dans le diocèse de Rodez, où il est encore. La cathédrale et l'église de Sainte-Foi d'Agen en possèdent de précieux fragments.

SAINTE ALBERTE (11 MARS)

Qu'était-ce que sainte Alberte?

Sainte Alberte était une sœur de sainte Foi. Entraînée par son exemple, elle vint d'elle-même se livrer aux persécuteurs, et cueillit en même temps que sa sœur la palme du martyre.

Où repose le corps de sainte Alberte?

Le corps de sainte Alberte repose, avec celui de saint Phébade, dans l'église de Vénerques, au diocèse de Toulouse.

SAINTE LIBÉRATE OU SAINTE LIVRADE (28 JANVIER)

Connaît-on quelques détails sur la vie de sainte Libérate ou sainte Livrade?

On ne connaît pas d'une manière bien précise l'origine et la vie de sainte Libérate ou sainte Livrade; mais on sait que, dès les premiers siècles de l'Église, son culte se répandit en différentes contrées de l'Europe.

Sainte Livrade est-elle l'objet d'un culte particulier dans le diocèse d'Agen?

Oui, le diocèse d'Agen fait l'office de cette sainte, et la paroisse qui porte le nom de sainte Livrade l'honore comme sa patronne spéciale, et célèbre tous les ans, au mois d'août, la translation d'une précieuse relique qui lui fut envoyée en 1666, de l'abbaye de Granselve, dans le diocèse de Toulouse.

PLUSIEURS SAINTS MARTYRS D'AGEN (26 OCTOBRE)

N'y a-t-il pas encore d'autres saints martyrs particulièrement honorés dans l'Église d'Agen?

Oui, il y a encore dans l'Église d'Agen une foule d'autres saints martyrs, dont Dieu seul connaît le nombre et les noms.

Dans quelle occasion ces autres saints souffrirent-ils le martyre?

L'histoire raconte qu'en voyant le martyre de sainte Foi et de saint Caprais, plus de cinq cents païens abjurèrent le culte des idoles pour confesser la foi de Jésus-Christ, et furent aussitôt mis à mort.

Savez-vous ce que devinrent les corps de tous ces martyrs?

Les corps de ces nombreux martyrs furent jetés dans un marais, que l'on dessécha plus tard pour y bâtir une crypte dédiée à saint Caprais.

Cette crypte existe-t-elle encore?

Oui, cette crypte existe encore et porte le nom de *Martrou,* ou caveau des Martyrs. Elle est située dans une rue qui s'appelle encore aujourd'hui la *rue des Martyrs.*

Gloire à Dieu, Père éternel.

ABRÉGÉ

DU CATÉCHISME

POUR LES PETITS ENFANTS

LEÇON PREMIÈRE

DE DIEU

Qui nous a créés et mis au monde?
C'est Dieu qui nous a créés et mis au monde.

Pourquoi Dieu nous a-t-il créés et mis au monde?

Dieu nous a créés et mis au monde pour le connaître, l'aimer, le servir, et, par ce moyen, arriver à la vie éternelle.

Qu'est-ce que Dieu?

Dieu est un pur esprit, éternel, infiniment parfait, créateur du ciel et de la terre, et souverain Seigneur de toutes choses.

Où est Dieu?

Dieu est partout.

Pouvons-nous voir Dieu?

Non, Dieu ne peut être vu des yeux du corps.

Dieu voit-il tout?

Oui, Dieu voit tout, le passé, le présent, l'avenir et jusqu'à nos plus secrètes pensées.

LEÇON II

DU MYSTÈRE DE LA SAINTE TRINITÉ

Y a-t-il plusieurs Dieux?

Non, il n'y a qu'un seul Dieu.

Combien y a-t-il de personnes en Dieu?

Il y a trois personnes en Dieu : le Père, le Fils, et le Saint-Esprit.

Comment appelez-vous ces trois personnes ensemble?

J'appelle ces trois personnes ensemble la sainte Trinité, ou autrement un seul Dieu en trois personnes.

Ces trois personnes sont-elles trois Dieux?

Non, ces trois personnes ne sont qu'un seul et même Dieu, parce qu'elles n'ont qu'une seule et même nature, une seule et même divinité.

Jésus souverain juge des justes et des pécheurs.

LEÇON III

DU MYSTÈRE DE L'INCARNATION

Quelle est celle des trois personnes de la sainte Trinité qui s'est faite homme?

Celle des trois personnes de la sainte Trinité qui s'est faite homme, c'est la seconde personne, que nous appelons le Fils de Dieu.

Qu'entendez-vous en disant que le Fils de Dieu s'est fait homme?

En disant que le Fils de Dieu s'est fait homme, j'entends qu'il a pris un corps et une âme semblables aux nôtres.

Quand le Fils de Dieu s'est fait homme a-t-il cessé d'être Dieu?

Non, il est Dieu et homme tout ensemble.

Comment s'appelle le Fils de Dieu fait homme?

Le Fils de Dieu fait homme s'appelle Jésus-Christ.

Quel jour Notre-Seigneur Jésus-Christ est-il né?

Notre-Seigneur Jésus-Christ est né à minuit, le 25 décembre, que nous appelons le jour de Noël.

Où est né Notre-Seigneur Jésus-Christ?

Notre-Seigneur Jésus-Christ est né à Bethléhem, petite ville de la Judée, dans une pauvre étable.

LEÇON IV

DU MYSTÈRE DE LA RÉDEMPTION

Pourquoi le Fils de Dieu s'est-il fait homme?

Le Fils de Dieu s'est fait homme pour nous délivrer du péché et de l'enfer, et pour nous sauver.

Comment tous les hommes sont-ils devenus coupables du péché et dignes de l'enfer?

Tous les hommes sont devenus coupables du péché et dignes de l'enfer par le péché d'Adam, notre premier père, qui, en désobéissant à Dieu, a rendu tous les hommes coupables de son péché.

Comment Jésus-Christ nous a-t-il rachetés?

Jésus-Christ nous a rachetés en souffrant la mort pour nous.

Comment Jésus-Christ est-il mort?

Jésus-Christ est mort par le cruel supplice de la croix, que les Juifs lui ont fait subir.

Puisque Jésus-Christ est Dieu, comment a-t-il pu mourir?

Jésus-Christ n'est pas mort comme Dieu, mais

il est mort comme homme, son âme ayant été séparée de son corps.

LEÇON V

DE LA MORT DE NOTRE-SEIGNEUR A LA PENTECOTE

Quel jour Notre-Seigneur Jésus-Christ est-il mort?

Notre-Seigneur Jésus-Christ est mort le vendredi saint, vers trois heures de l'après-midi.

Quel jour Notre-Seigneur Jésus-Christ est-il ressuscité?

Notre-Seigneur Jésus-Christ est ressuscité le jour de Pâques, de grand matin, le troisième jour après sa mort.

Quel jour Notre-Seigneur Jésus-Christ monta-t-il au ciel?

Notre-Seigneur Jésus-Christ monta au ciel le jour de l'Ascension.

Quel jour le Saint-Esprit est-il descendu sur les Apôtres?

Le Saint-Esprit est descendu sur les Apôtres le jour de la Pentecôte.

LEÇON VI

DE L'ÉGLISE

Qu'est-ce que l'Église?

L'Église est la société des fidèles qui professent la véritable religion de Jésus-Christ sous l'autorité des pasteurs légitimes.

Cette société des fidèles ne forme-t-elle qu'un seul corps?

Oui, cette société des fidèles ne forme qu'un seul corps, dont Jésus-Christ est le chef invisible et le Pape le chef visible.

Qu'est-ce que le Pape?

Le Pape est le Vicaire de Jésus-Christ, le successeur de saint Pierre et le père commun des pasteurs et des fidèles.

L'Église peut-elle se tromper dans son enseignement?

Non, l'Église est infaillible. Elle ne peut se tromper dans l'enseignement de la religion, parce qu'elle est assistée par le Saint-Esprit, selon la promesse de Jésus-Christ.

Le Pape peut-il se tromper dans l'enseignement de la religion?

Non, le Pape est infaillible. Il ne peut se tromper dans l'enseignement de la religion, parce qu'il est assisté par le Saint-Esprit d'une manière particulière.

Jésus-Christ a-t-il établi plusieurs Églises?

Non, Jésus-Christ n'a établi qu'une seule Église, hors de laquelle il n'y a point de salut.

Le pauvre Lazare récompensé; le mauvais riche puni.

LEÇON VII

DES FINS DERNIÈRES DE L'HOMME

Quelles sont les fins dernières de l'homme?

Les fins dernières de l'homme sont : la mort, le jugement, le ciel et l'enfer.

Qu'est-ce que la mort?

La mort est la séparation de l'âme et du corps.

Que devient le corps après la mort?

Après la mort, le corps se corrompt et tombe en poussière; mais il ressuscitera à la fin du monde.

Que devient notre âme après la mort?

Aussitôt après la mort, notre âme paraît devant Dieu pour être jugée sur ses bonnes ou ses mauvaises actions; c'est ce qu'on appelle le jugement particulier.

Où va notre âme après le jugement particulier?

Après le jugement particulier, notre âme va au ciel, ou en enfer ou en purgatoire, selon qu'elle l'a mérité.

Qu'est-ce que le ciel?

Le ciel, qu'on appelle aussi le paradis, est un lieu de délices où les Anges et les Saints jouissent d'un bonheur éternel et parfait, par la vue et la possession de Dieu.

Qu'est-ce que l'enfer?

L'enfer est un lieu de tourments où les damnés sont pour toujours séparés de Dieu, et souffrent avec les démons des supplices qui ne finiront jamais.

Qu'est-ce que le purgatoire?

Le purgatoire est un lieu de souffrances où les âmes des justes achèvent d'expier leurs péchés avant d'entrer dans le ciel.

LEÇON VIII

DES COMMANDEMENTS DE DIEU ET DE L'ÉGLISE

Suffit-il pour être sauvé d'avoir reçu le Baptême et de croire les vérités de la religion?

Non, pour être sauvé, il ne suffit pas d'avoir reçu le Baptême et de croire les vérités de la religion, il faut encore observer les Commandements de Dieu et de l'Église.

Combien y a-t-il de Commandements de Dieu?

Il y a dix Commandements de Dieu, qu'on appelle le Décalogue.

Récitez les dix Commandements de Dieu.

1. Un seul Dieu tu adoreras,
 Et aimeras parfaitement.
2. Dieu en vain tu ne jureras,
 Ni autre chose pareillement.
3. Les Dimanches tu garderas,
 En servant Dieu dévotement.
4. Tes père et mère honoreras,
 Afin de vivre longuement.
5. Homicide point ne seras
 De fait ni volontairement.
6. Luxurieux point ne seras
 De corps ni de consentement.
7. Le bien d'autrui tu ne prendras,
 Ni retiendras injustement.
8. Faux témoignage ne diras,
 Ni mentiras aucunement.
9. L'œuvre de la chair ne désireras
 Qu'en mariage seulement.
10. Les biens d'autrui ne convoiteras,
 Pour les avoir injustement.

Combien y a-t-il de Commandements de l'Église ?

Il y a six Commandements de l'Église.

Récitez les six Commandements de l'Église.

1. Les Dimanches Messe ouïras,
 Et les Fêtes pareillement.
2. Les Fêtes tu sanctifieras
 Qui te sont de commandement.
3. Tous tes péchés confesseras
 A tout le moins une fois l'an.
4. Ton Créateur tu recevras,
 Au moins à Pâques humblement.
5. Quatre-Temps, Vigiles jeûneras,
 Et le Carême entièrement.

6. Vendredi chair ne mangeras,
Ni le samedi mêmement.

LEÇON IX

DU PÉCHÉ

Qu'est-ce que le péché?

Le péché est une désobéissance aux Commandements de Dieu et de l'Église.

Combien y a-t-il de sortes de péchés?

Il y a deux sortes de péchés : le péché originel et le péché actuel.

Qu'est-ce que le péché originel?

Le péché originel est celui que nous apportons comme enfants d'Adam, en venant au monde.

Qu'est-ce que le péché actuel?

Le péché actuel est celui que nous commettons par un acte de notre propre volonté, lorsque nous avons l'usage de la raison.

Combien y a-t-il de sortes de péchés actuels?

Il y a deux sortes de péchés actuels : le péché mortel et le péché véniel.

Qu'est-ce que le péché mortel?

Le péché mortel est celui qui donne la mort à notre âme en lui ôtant la vie de la grâce, et qui nous rend ennemis de Dieu et dignes des peines de l'enfer.

Qu'est-ce que le péché véniel?

Le péché véniel est celui qui affaiblit en nous la vie de la grâce, nous rend moins agréables à Dieu et dignes des peines temporelles en cette vie ou en l'autre.

LEÇON X

DE LA GRACE

Pouvons-nous par nos seules forces naturelles observer les Commandements de Dieu et nous sauver?

Non, nous ne pouvons observer les Commandements de Dieu et nous sauver qu'avec le secours de la grâce.

Qu'est-ce que la grâce ?

La grâce est un don surnaturel ou un secours que Dieu nous accorde par pure bonté et en vue des mérites de Jésus-Christ, pour nous aider à faire notre salut.

Quels sont les moyens ordinaires pour obtenir la grâce ?

Les moyens ordinaires pour obtenir la grâce sont la prière et les sacrements.

LEÇON XI

DE LA PRIÈRE

Qu'est-ce que la prière ?

La prière est une élévation de notre âme vers Dieu, pour lui rendre nos hommages, lui exposer nos besoins et lui demander ses grâces.

Sommes-nous obligés de prier ?

Oui, nous sommes obligés de prier ; c'est un devoir des plus indispensables de la religion.

Par où faut-il commencer la prière ?

Il faut commencer la prière par le signe de la croix.

Faites le signe de la croix.

Au nom du Père, et du Fils, et du Saint-Esprit. Ainsi soit-il.

Quelle est la prière la plus excellente et la plus agréable à Dieu ?

La prière la plus excellente et la plus agréable à Dieu est l'Oraison dominicale, qui renferme en abrégé tout ce que nous devons demander à Dieu.

Quelle est, après l'Oraison dominicale, la prière que nous devons réciter avec le plus de confiance ?

La prière que nous devons réciter avec le plus de confiance après l'Oraison dominicale, c'est la Salutation angélique, que nous adressons à la sainte Vierge.

LEÇON XII

DES SACREMENTS

Qu'est-ce qu'un Sacrement ?

Un Sacrement est un signe sensible, institué par Notre-Seigneur Jésus-Christ pour produire la grâce dans nos âmes et nous sanctifier.

Combien de Sacrements Notre-Seigneur Jésus-Christ a-t-il institués ?

Notre-Seigneur Jésus-Christ a institué sept Sacrements : le Baptême, la Confirmation, l'Eucharistie, la Pénitence, l'Extrême-Onction, l'Ordre et le Mariage.

Qu'est-ce que le Baptême ?

Le Baptême est un Sacrement qui efface le péché originel et nous fait chrétiens, enfants de Dieu et de l'Église.

Qu'est-ce que la Confirmation?

La Confirmation est un Sacrement qui nous communique le Saint-Esprit avec l'abondance de ses dons, et nous rend parfaits chrétiens.

Qu'est-ce que l'Eucharistie?

L'Eucharistie est un Sacrement qui contient réellement et en vérité le corps, le sang, l'âme et la divinité de Notre-Seigneur Jésus-Christ, sous les espèces ou apparences du pain et du vin.

Qu'est-ce que la Pénitence?

La Pénitence est un Sacrement qui efface tous les péchés que nous avons commis après le Baptême.

Qu'est-ce l'Extrême-Onction?

L'Extrême-Onction est un Sacrement institué par Notre-Seigneur Jésus-Christ pour le soulagement spirituel et corporel des malades.

Qu'est-ce que l'Ordre?

L'Ordre est un Sacrement qui donne le pouvoir de remplir les fonctions ecclésiastiques et la grâce pour les exercer saintement.

Qu'est-ce que le Mariage?

Le Mariage est un Sacrement qui sanctifie l'union légitime de l'homme et de la femme, et leur donne les grâces nécessaires pour remplir les devoirs de leur état.

FIN

TABLE DES MATIÈRES

DEUXIÈME PARTIE

DES DEVOIRS QUE NOUS DEVONS PRATIQUER

TROISIÈME PARTIE

DES MOYENS DE NOUS SANCTIFIER

QUATRIÈME PARTIE

DES FÊTES ET DES SAINTS DU DIOCÈSE

ABRÉGÉ DU CATÉCHISME

35178. — Tours, impr. Mame.

TOURS — IMPRIMERIE MAME

www.ingramcontent.com/pod-product-compliance
Ingram Content Group UK Ltd.
Pitfield, Milton Keynes, MK11 3LW, UK
UKHW020453200726
13857UKWH00002B/694